U0535558

近代中国的司法

聂鑫 著

2019年 · 北京

图书在版编目(CIP)数据

近代中国的司法/聂鑫著.—北京:商务印书馆,2019.1
(2019.4 重印)
ISBN 978-7-100-16876-2

Ⅰ.①近… Ⅱ.①聂… Ⅲ.①司法制度—研究—中国—近代 Ⅳ.①D929.5

中国版本图书馆 CIP 数据核字(2018)第 273576 号

权利保留,侵权必究。

近代中国的司法

聂 鑫 著

商 务 印 书 馆 出 版
(北京王府井大街 36 号 邮政编码 100710)
商 务 印 书 馆 发 行
北 京 冠 中 印 刷 厂 印 刷
ISBN 978-7-100-16876-2

2019 年 1 月第 1 版　　开本 880×1230　1/32
2019 年 4 月北京第 2 次印刷　印张 5⅝
定价:35.00 元

目　　录

第一章　民初选举诉讼中的"法官造法" ·················· 1
　一、民初大理院之"司法能动主义" ·················· 1
　二、选举纠纷的管辖与审级问题 ···················· 5
　三、诉讼规则、诉讼程序的补充与再造 ················ 12
　四、选举规则的司法续造 ······················· 21
　五、小结 ································ 32

第二章　平政院裁判与近代中国文官保障制度的司法实践 ········ 35
　一、文官保障制度的发生及其价值 ·················· 35
　二、近代中国文官保障制度的建立 ·················· 38
　三、通过行政审判落实文官保障制度 ················· 43
　四、小结 ································ 52

第三章　公务员惩戒的司法化及其界限：公务员惩戒委员会
　　　　体制研究 ···························· 53
　一、域外公务员惩戒的理论与实践 ·················· 54
　二、近代中国公务员惩戒机关的建立与变迁 ············· 60
　三、公务员惩戒委员会体制的问题与矛盾 ·············· 71
　四、小结 ································ 83

i

第四章　民国司法院：近代最高司法机关的新范式 ········· 87
　　一、司法院体制的由来与变迁 ····························· 87
　　二、司法行政权的特殊安排 ······························ 100
　　三、司法院（大法官）的规范控制权 ···················· 107
　　四、多元的司法审判体系 ································· 115
　　五、小结 ·· 119
第五章　近代中国审级制度的变迁：理念与现实 ············ 121
　　一、清末司法改革：从"六级六审"到"四级三审" ········ 122
　　二、民国北京政府时期有名无实的"四级三审制" ······ 126
　　三、南京国民政府时期的"三级三审制" ················ 135
　　四、参照系：早期美国联邦法院的困境（以最高法院
　　　　大法官兼理下级巡回审判为中心） ················· 144
　　五、小结 ·· 148
第六章　代结语：从三法司到司法院 ························· 154
　　一、回顾：中国古代的三法司 ···························· 154
　　二、清末司法改革 ·· 157
　　三、北洋政府时期的中央司法机关 ······················ 159
　　四、南京国民政府时期的中央司法机关 ················· 164
　　五、小结 ·· 167

附图 ··· 172
跋 ··· 174

第一章 民初选举诉讼中的"法官造法"

一、民初大理院之"司法能动主义"

民国初年,正是新旧交替的中国法律大变动时期,加之民、刑诸大法典均未颁布,"削足适履"地"暂行"援用前清法制,"邯郸学步"地适用匆匆移植的西方制度,必将发生诸多疑义。大理院作为民国北京政府的最高司法机关,通过行使最高审判权和法令统一解释权,取得了空前的独立审判权与规范控制权;大理院的终审权与法令解释权互为补充,确保了其司法权威得到各级法院的一体尊重。大理院判例,究其性质与效力,几乎等同于判例法;而针对各级法院在司法审判中所提出的疑义,大理院所为之司法解释,则在事实上发挥了补充立法的功能。大理院判例和解释例被各级法院奉为圭臬,"形同造法",甚至在南京国民政府成立后,它们依然被继续沿用。而大理院院长、庭长、推事亦学养深厚、相对洁身自好;在军阀混战、政局动荡的纷乱年代里,大理院为中国司法史留下一页清白。[①]关于大理院在民事与刑事领

---

① 参见黄源盛:《民初大理院与裁判》,台湾元照出版有限公司2011年版;张生:《民初大理院审判独立的制度与实践》,《政法论坛》2002年第4期。

域的法律续造，前人已多有论述，本文则重点关注选举诉讼——精确地说是各级议会议员选举诉讼——领域的"法官造法"。①

根据《大理院办事章程》，大理院之法律解释，原则上"对同一事类均有拘束之效力"，"此种权限颇为广大，殆为当时各国法院所未有"。②而大理院判例与英美乃至欧陆的判例都有所不同：首先，并非所有大理院的判决都是"判例"，只有"具有创新意义，或为补充法律的不足，或为阐明法律的真意，其见解具有抽象规范的价值者"，方被辑为判例。其次，大理院判例之编纂有统一的格式，它并不收录判决书的全文，而是略去案件事实，从中选出具有普遍规范性的、"最精要"的寥寥数语，构成"判例要旨"；要旨的选取，并不拘泥于判例法下的判决主文与附带意见之区分，"凡认为关键文句，可成为抽象原则者，即将其摘录为判例要旨"。所谓大理院判例，"仍系抽象的结论"，在形式上与立法条文、司法解释相差无几，可谓明目张胆的"法官造法"。③

现代议会的权力来源，便在于组成议会的议员通过民主选举取得人民的授权；一旦发生选举舞弊，议员个人乃至整个议会行使职权的合法性都会被消解。为维系议员选举的公正及议会的合法性，选举纠纷必须由一个中立的机关予以公正而有效的裁决。中国之引入西方议会制度（包括相应的议员选举与选举诉讼制

---

① 学界目前关于民初选举诉讼的研究，可参见郭兴莲：《论民国初期的选举诉讼》，《法学评论》1997年第6期；杨鸿雁、肖强：《民初大理院选举讼案审判研究——以〈最新司法判词〉为基础》，《法学杂志》2014年第1期。本文并不以具体的案件与判决为研究对象，而是重点关注大理院在相关领域抽象的法律续造。
② 黄源盛：《民初大理院与裁判》，台湾元照出版有限公司2011年版，第45页。
③ 参见黄源盛：《民初大理院与裁判》，台湾元照出版有限公司2011年版，第114、173—174页。

度），始于清末各省咨议局与中央资政院的组建。从1909年首次办理咨议局议员选举到辛亥革命，仅有两年的时间；可以说，民国成立时的议员选举经验实在是太欠缺了。有学者专门研究近代中国历届国会选举，发现中央与地方政府官员上下其手、操纵选举，候选人贿选、控制票匦、以暴力胁迫选民投票，以及因选举舞弊而发生的斗殴时有发生。① 而选举诉讼制度的缺陷，则导致在具体运作中经常发生困难，例如诉讼者无法正确区分选举诉讼和选举犯罪，常常将选举纠纷交由检察机关受理，导致"分歧百出""耽误时日"；再如，"选举法对于选举诉讼的处理时间只有'选举诉讼应先于各种诉讼事件审判'的规定，没有具体日期的规定，容易导致各级审判机关久拖不决，选举诉讼事件不断升级，演变为更大风波"②。

  应当说，大理院在选举诉讼领域扮演的角色，与其在民事、刑事案件中有很大的不同。其一，与民初民、刑法典付之阙如相较，北洋国会在选举法与政府组织法的立法领域倒是有一些作为，毕竟这些法律构成包含国会在内的政府机关的法源，不得不立；所以大理院在选举诉讼的领域，其自由裁量权受到既有政府法令的限制。其二，尽管有成文法的约束，但并不意味着大理院在确立选举诉讼规则方面无所作为，这固然是因为立法者立法技术的粗疏，更是源于近代中国民主选举经验的欠缺；民事、刑事审判虽无法典可依，尚有习惯法与旧律的经验，而选举乃是数千

---

① 参见张朋园：《中国民主政治的困境1909—1949：晚清以来历届国会选举述论》，吉林出版集团有限责任公司2008年版，第127—165页。

② 叶利军：《湖南近代选举史（1908—1948）》，湖南人民出版社2015年版，第190—191页。

年未有之新鲜事，绝非简单移植而来的选举法令所能规范。更何况，作为"远东第一共和"，民初的选举法规也充分体现了"激进共和主义"，其普选程度甚至可以比肩欧美先进国家。与晚清相较，民初行使选举权与被选举权的资格门槛在年龄、财产、受教育程度以及设籍时间等方面都大大降低，选民人数也由此大为增加；不过与此同时，办理选举的技术与人民的民主政治意识并未有太大长进。①事实上，就选举风气而言，民国尚且不如晚清。1909年各省咨议局选举"风气尚正"，"民国以后，人人欲显身手，进入政坛，只问目的，不择手段"，"不仅旧式士绅道德变质，而且新式知识分子有过之而无不及"。②在欠缺基本民主选举经验与文化的现实背景下搞民主"大跃进"，难免在选举的过程中发生"律例有定，情伪无穷"的难题。大理院在选举诉讼中要解决纠纷、确保公平选举；作为最高司法机关，除严格阐释法律外，它还要填补法律漏洞乃至创新规范，使民主选举制度得以运转。

据笔者粗略统计，从1912年到1927年，在大理院所作的2012件解释例中，至少有50件直接涉及选举问题的解释例，约占总数的2.5%，其中不乏不厌其烦地就同一问题反复解释、申明者；在大理院公布的约3900个判例要旨中，涉及选举问题的，至少有72个（这些要旨源于大理院所作的32个判决），约占总数的1.8%。这些解释例和判决例涉及法律包括《参议院议员选举法》

---

① 参见张朋园：《中国民主政治的困境 1909—1949：晚清以来历届国会选举述论》，吉林出版集团有限责任公司2008年版，第77—81页。
② 许纪霖：《家国天下——现代中国人的个人、国家与世界认同》，上海人民出版社2017年版，第274页。

《众议院议员选举法》《省议会议员选举法》《县议会议员选举规则》及各法的《实施细则》等。大理院在作出判决书与司法解释时，也经常引用之前的判例或解释例，并要求下级法院参照适用，以反复申明、增强其"补充立法"之权威。在大理院关于选举诉讼的32个判决中，有10个判决是"一判多例"，也即从一个判决书中抽象出多个判例要旨，作为之后各级法院一体遵行的选举规则。① 这其中最引人注目的，是七年上字第889号判决，从该判决中居然抽象出19条判例要旨。由此可见大理院在选举法领域"补充立法"之积极有为，亦可反观当时选举立法之粗疏，以致在实际选举事务中疑问重重。由于不同类型的民意代表（参议员、众议员、省议会议员、县议会议员）选举规则与选举诉讼程序不完全一致，所以大理院在解释与判决中，不得不就同一规则是否适用于不同类型的议员选举纠纷反复澄清。以下笔者将分门别类地描述大理院在相关领域的法律续造。

二、选举纠纷的管辖与审级问题

关于议员选举诉讼的管辖与审理程序，各国的实践并不一致：美国由代议机关管辖（议会自治），但由于政党政治的发达，议会多数党在处理选举纠纷时很可能会"党同伐异"，故而由议会自治

---

① 具体包括六年上字第153号（6例）、七年上字第890号（5例）、七年上字第824号（3例）、七年上字第889号（19例）、七年上字第962号（3例）、七年上字第963号（3例）、七年上字第966号（4例）、八年上字第328号（2例）、八年上字第1277号（3例）、八年上字第1278号（2例）。

存在很大的弊端；英国选举诉讼则由普通法院管辖，当事人不服初审判决亦可以依据普通司法程序上诉；法国、德国等大陆法系国家则由宪法法院（宪法委员会）与行政法院管辖中央与地方议会议员的选举诉讼；另外，也有一些国家设立专门机关，如选举法院（如巴西、墨西哥）或选举委员会（如瑞典、秘鲁），来管辖选举争讼。① 在近代中国的背景下，中央选举事务管理机关无法独立于行政部门，权力与资源均有限；宪法审判机关未曾设立，行政法院只有一所且"远在中央"。大理院及以下各级普通法院作为相对独立、专业，且体系大致完备、广泛设立于全国各地的审判机关，是唯一现实可行的选举纠纷管辖机关。

（一）近代中国选举诉讼的法源

中国之引入选举诉讼制度，始于1908年晚清政府颁布的《咨议局议员选举章程》，它针对选举诉讼设有专章，共8个条文。根据该章程，"凡选举诉讼事件，初选应向府直隶厅州衙门呈控，复选应向按察使衙门呈控。其各省已设审判厅者，应分别向地方及高等审判厅呈控"（第91条）；至于选举诉讼的上诉，则规定"初选得向按察使衙门上控，复选得向大理院上控"，"其各省已设审判厅者，照审判厅上控章程办理"。② 该章程乃是习自日本法，上述二审终审的规定，以及将选举诉讼分为狭义的选举诉讼与当选

---

① 参见伍华军：《选举诉讼体制比较研究》，《甘肃政法成人教育学院学报》2002年第3期。
② 参见上海商务印书馆编译所编：《大清新法令》（点校本）第一卷，李秀清等点校，商务印书馆2010年版，第110—111页。

诉讼，还有自选举日起 30 日的诉讼时效规定等等，都与日本 1900 年《众议院议员选举法》第十章"选举诉讼与当选诉讼"符合若节。① 至于 1909 年颁布的《资政院议员选举章程》中，则未有关于选举诉讼的规定，这或许与资政院议员独特的选举方式有关。② 而时人注释《咨议局议员选举章程》，也是以日本《众议院议员选举法》作为参照。③ 民国成立后，于 1912 年颁布《众议院议员选举法》，该法以专章规定选举诉讼，规定选举诉讼初选向地方审判厅起诉，复选向高等审判厅起诉，至于"未设审判厅之处，得向受理诉讼之官署起诉"；该法同时规定除当选人不愿应选或死亡外，其他选举无效与当选无效的情形，均应"经审判确定"（第82、84 条）；至于妨害选举罪的追诉与选举诉讼的区别，则在"选举诉讼"章之外另行规定"关于选举之犯罪，依刑律处断"（第94 条）。至于参议院议员的选举诉讼，根据同时颁布之《参议院议员选举法》第 18 条，"准用《众议院议员选举法》之规定"。④ 至于 1912 年 9 月 4 日颁布的《省议会议员选举法》，其规定与《众议院议员选举法》也大致相仿。

---

① 参见南洋公学译书院初译、商务印书馆编译所补译校订：《新译日本法规大全》（点校本）第一卷，何佳馨点校，商务印书馆 2007 年版，第 130 页。
② 参见上海商务印书馆编译所编：《大清新法令》（点校本）第六卷，蒋传光点校，商务印书馆 2010 年版，第 260—278 页。资政院议员分为钦选和民选各一半，即使是民选议员，也并非由选民选举产生，而是由各省咨议局议员"互选"产生候选人，最后由各省督抚差额"圈定"。
③ 参见孟森、杜亚泉：《咨议局议员选举章程笺释》，商务印书馆 2015 年版，第 53—56 页。
④ 参见江苏公民监视选举团编：《选举法规》，中华书局 1921 年版，第 44—45、47、12 页。

（二）选举诉讼的性质："形式上的民事诉讼"

民初实行二元司法审判体制，大理院以及各级审判厅掌理民事、刑事诉讼，四级三审；行政诉讼则由平政院掌理，实行一审终审。选举诉讼究其性质，乃是"公法诉讼"，"与确定私权关系的民事诉讼相去甚远"，在理论上似乎应交由宪法法院或行政法院管辖，在实行二元司法体制的国家如德国、法国，在实践上也大都由宪法审查机关与行政法院审理选举诉讼；可是作为行政法院的平政院由于只设于中央、一审终审，无法应对发生在全国各地、为数甚多的选举诉讼，为"迁就现实"，不得不将选举诉讼交由普通法院管辖；选举诉讼虽具有公法性质，在当时则准用民事诉讼程序，由作为普通法院的大理院及各级审判厅掌理，可谓是"形式上的民事诉讼"。① 考虑到"公法之发达，乃是非常晚近之事，故其实体法或程序法均未能齐全完备。因此，公开适用私法，虽有人反对，但在不影响公法性质的范围内，适用私法乃是公法独立建制以前无法避免之事。况且法律有其共通之原理原则，在不妨碍公法目的之达成下，选举与罢免诉讼准用民事诉讼程序，实乃无可厚非"。②

如前所述，现代民主选举乃是老大帝国所遭遇之新问题，与民刑案件相较，法官在解释、适用法律时难免会更为棘手。大理院在选举诉讼中准用民事诉讼程序最极端的例子，乃是其宣告：选举诉讼既然准用民诉程序，故而遵循意思自治原则，法院"采

---

① 参见刘昊洲：《我国选举罢免诉讼制度》，台湾五南图书出版有限公司1990年版，第43页。

② 参见刘昊洲：《我国选举罢免诉讼制度》，台湾五南图书出版有限公司1990年版，第130页。

不干涉主义","自应许其和解";甚至"合约与判决相反者,仍从合约,毋庸执行判决"。(大理院第1009、1863号解释)① 其实,由于选举诉讼涉及公权,能否采民事诉讼之不干涉主义在理论上争议很大;大理院在这个问题上,有过于固执于民事诉讼之形式、忽略了公法诉讼之实质的嫌疑,但由此亦可看出大理院司法解释权之强悍。不过,大理院在选举事务上也并未大包大揽,针对政治性更强的议会议长选举争议,大理院先后通过多号解释(大理院第881、905、975、1187、1632号解释),反复强调各级议会成立后,其议长、副议长选举争议乃议会自治事务,不属于选举诉讼管辖范围。与此同时,大理院还将议长、副议长选举舞弊问题除罪化,声明刑法上妨害选举罪仅适用于国会及地方议员之选举,排除了议长选举中检察机关(与审判机关)的干预。② 在终审裁判与解答下级法院或其他机构提出疑义的过程中,大理院准用民事诉讼程序来处理公法问题,大胆地对涉及核心政治问题的选举制度进行司法续造,堪称民国司法史上的奇迹。

(三)中央选举机关法规解释权与大理院的司法解释权

在法院之外设立独立的选举委员会,由其来监管整个选举过

---

① 郭卫编著:《民国大理院解释例全文》,吴宏耀等点校,中国政法大学出版社2014年版,第881、1313页。

② "选举议长效力",应查照《省议会暂行法》第36条,"检举犯罪与该项选举效力及议决案无关,惟《刑律》妨害选举罪,应以国会及地方议会议员之选举为限(议长选举舞弊并非刑法上的妨害选举罪)。至本院解释,除《法院编制法》三十五条但书情形外,自有拘束效力"。(大理院第975号解释)(郭卫编著:《民国大理院解释例全文》,吴宏耀等点校,中国政法大学出版社2014年版,第790页。)

程，这固然是一个理想的选择；但是在既有的分权架构下，这类委员会（包括美国联邦选举委员会）在现实的运作中很可能缺乏足够的资源与权威。[①] 以民国初年为例，当时中央政府亦设立了专职选务机构——筹备国会事务局；但根据《筹备国会事务局官制》，该局隶属于内务总长，不能独立于行政机关，且无权管辖选举诉讼。在制定上述官制时，参议院保留了选举法规的解释权，并未将解释权授予筹备国会事务局。但由于选举法规粗疏，在办理选举中疑义甚多；而参议院事务繁多，不可能及时一一解答有关选举法条文之疑义。1912年9月，参议院根据大总统的提请作出相关答复："为行政便利起见"，同意关于选举法律"条文上之解释"，"迳由国会事务局办理"。[②] 尽管筹备国会事务局获得解释选举法规的授权，但它并非常设机关，且隶属于行政部门，其在专业性与独立性方面，与普通法院相较难免居于下风。通过行使选举诉讼的终审权与抽象的司法解释权，大理院获得了选举法规之解释权。有趣的是，筹备国会事务局有时会主动提请大理院解释选举法；[③] 而大理院在选举法的解释权上，对筹备国会事务局并未"投桃报李"，反而在判例中宣告"选举监督布告及筹备国会事务局解释，无法之效力"。（七年上字第890号判决）[④]

---

① 参见［美］布鲁斯·阿克曼：《别了，孟德斯鸠：新分权的理论与实践》，聂鑫译，中国政法大学出版社2016年版，第116—118页。
② 参见杨华松：《民初筹备国会事务局研究》，陕西师范大学硕士学位论文，2014年，第18—19页。
③ 如大理院第944、1517号解释，都是直接回复给筹备国会事务局的。
④ 郭卫编：《大理院判决例全书》，中国政法大学出版社2013年版，第193页。

(四)选举诉讼("准"民事诉讼)与妨害选举罪(刑事诉讼)的区隔

在办理民国首次国会选举之初,选举诉讼常常由各地检察机关代为起诉。为此,作为主持民国首届国会选举的中央选举机构,筹备国会事务局于1913年1月及3月两次致电相关机关:明确选举诉讼的起诉人应为选举人或落选之候选人,与检察机关无关;关于选举诉讼之审级与上诉,依照普通民事诉讼程序办理。湖北高等审判厅对以上通电有疑义,提请大理院解释:"究竟选举诉讼,能否作为普通民诉案件?其决定为选举诉讼与妨害选举法,职权属检厅或属审厅、属刑庭或属民庭?检厅已提起之选举诉讼,应否受理?"1913年3月10日,大理院对此作出第7号解释:"选举诉讼,准用现行民诉程序,由民庭审判。至妨害选举罪,纯系刑事,由检厅起诉后归刑庭,依刑诉审级及程序办理。"由于第一届国会同年4月8日开幕在即,仍有选举诉讼尚未完结,甚至存在重大法律疑义;为此,大理院于3月28日又作出第12号解释,内容涉及多项关键法条的解释,包括诉讼时效问题(起诉时间的认定标准)、现任官吏不得当选国会议员的规定中所谓"现任官吏"的含义等等。在这里特别强调的是,该解释明确了相关的诉讼规则:"选举诉讼既准用民诉程序,如依现行民诉法例,应为缺席判决时,自可照办";"民刑事诉讼除法有特别规定外,本可并行。若选举诉讼外,并有妨害选举罪之嫌疑,仍以刑诉审级程序另案办理"。①

---

① 郭卫编著:《民国大理院解释例全文》,吴宏耀等点校,中国政法大学出版社2014年版,第257、260页。

由于在实践中妨害选举罪与选举诉讼常常发生竞合，疑义甚多，大理院不得不反复解释；其解释的核心，仍在于确保选举诉讼迅速、有效的审理，以确保议员选举的公正性。例如，吉林高等审判厅提出"办理选举人员捏造选民，紊乱选权，究为选举诉讼，抑为妨害选举，或归选举监督核办？"大理院答复说类似情形，"如提起选举诉讼，应依法受理"（大理院第1502号解释）。"查诉讼通例，民事诉讼中有犯罪嫌疑，牵涉其裁判者，法院虽得依声请或以职权命于刑事诉讼终结前，中止诉讼程序。惟选举诉讼，既宜速结，如独立可以进行，即不应率予终止。"（大理院第1577号解释）"选举诉讼，虽涉及刑事问题，苟无终止之必要，刑事问题自宜各别办理。"（大理院第1578号解释）"当选无效，与犯妨害选举罪，适用法律不同，勿容牵混。但收买行为，如经刑事确定判决，处以罪刑者，自得认为有《省选举法》第八十四条第四款原因"，准许其据此提起选举无效之诉讼。（大理院第1637号解释）[①]

三、诉讼规则、诉讼程序的补充与再造

（一）起诉权

如前所述，关于选举诉讼的具体程序与规则，民初国会立法并未明确，乃是由大理院通过第7号解释确定选举诉讼准用民事

---

① 郭卫编著：《民国大理院解释例全文》，吴宏耀等点校，中国政法大学出版社2014年版，第1120、1153、1182页。

诉讼程序，由民庭审判；由此，民事诉讼的程序与规则通过民庭法官的审理逐渐渗入选举诉讼领域。在起诉权问题上，大理院亦准用民事诉讼规则，认为只有选举权利的利益相关人方有权提起诉讼；至于其他公民、法人或者检察机关，均无权以公共利益为名起诉。对此，大理院补充说明如下：其一，"非选举人不得提起选举诉讼"，至于选举人名册漏列之有选举资格人，法院亦不得"遽认其为《选举法》上之选举人予以提起选举诉讼之权"。（七年抗字第48号判决）[①] 其二，"初选之选举诉讼应由初选选举人提起，复选之选举诉讼应由复选选举人提起。其非具有各该选举人之资格者，则无提起该选举诉讼之权"（八年抗字第15号判决）[②]；"未经当选之初选选举人，对于复选当选人，无起诉权"，希参照本院之前判例（大理院第1519、1583号解释）[③]。其三，选举人具有选举资格并列入选举名册，其虽然抛弃选举权，并未入场投票，"仍得对于当选人起诉"（大理院第1511号解释）[④]。

（二）诉讼时效

与民事、刑事诉讼不同，选举诉讼关于时效的规定非常短促，因其有迅速结案的政治需要，以避免议员个人乃至整个议会的合法性长期处于不确定状态。民初选举法的一个重要特色，即选举

[①] 郭卫编：《大理院判决例全书》，中国政法大学出版社2013年版，第196页。
[②] 郭卫编：《大理院判决例全书》，中国政法大学出版社2013年版，第203页。
[③] 郭卫编著：《民国大理院解释例全文》，吴宏耀等点校，中国政法大学出版社2014年版，第1128、1155—1156页。
[④] 郭卫编著：《民国大理院解释例全文》，吴宏耀等点校，中国政法大学出版社2014年版，第1124—1125页。

诉讼具有非常严格的时效限制。① 根据《众议院议员选举法》第90条与《省议会议员选举法》第90条，选举人确认办理选举人员有舞弊及其他违法行为，可自选举日起，初选于5日内向地方审判厅起诉，复选于10日内向高等审判厅起诉；至于县议会议员选举的诉讼时效，则以开票后10日为限。关于选举人名册的宣示时间，众议院议员选举人为选举日前5日，省议会议员选举人为选举日前20日。如果发生选举人名册舞弊，众议会议员初选无效的整个起诉时效，从选举人名册宣示日算起只有5日加5日等于10日；而相应的省议会议员初选无效的整个起诉时效，从选举人名册宣示日算起也仅有25日，法定的诉讼时效相当紧促。尽管看起来选举法在诉讼时效上已实现所谓"数目字管理"，但在现实办理选举过程中，立法的相关规定仍有进一步解释的空间。为解决诉讼时效问题的疑义，大理院至少作出下列8个解释例与判例。

如前所述，民国首次办理议会选举时，人们往往将追究妨害选举罪的刑事诉讼与选举诉讼混淆。例如，某人在选举诉讼法定时效之内，向检察机关起诉，在被驳回起诉后又反复呈诉多次；由此，其错过了在法定的诉讼时效内依法向审判厅起诉，这是否算是已过诉讼时效。为此，大理院作出第12号解释，肯定湖北高等审判厅的司法意见："该原告十五日已赴检察厅起诉，旋经批驳，复呈诉五次，是其起诉期间，非由该原告等之逾限，乃由官厅权限未清所致，自不得认为经过。"② 另外，由于当时人们对于诉讼程序及法律文书均不熟悉，可能因按时提出的起诉状不符合法定的

---

① 参见焦洪昌：《选举权的法律保障》，北京大学出版社2005年版，第159页。
② 郭卫编著：《民国大理院解释例全文》，吴宏耀等点校，中国政法大学出版社2014年版，第260—261页。

格式，而错过了诉讼时效，例如："诉讼人于《省议会议员选举法》第九十条所规定之初选选举诉讼期间内，以白禀向县知事兼省议会议员初选选举监督提起诉讼，经原县以不合程式批驳后，始行具状更正，计已经过上述诉讼期间。其前所递之白禀，应否认为有效起诉？"大理院答复说可"限期补具诉状，补具后应认为合法起诉"。（大理院第830号解释）①

除上述两例外，大理院还通过判决与解释明确了如下规则：初选虽有选举无效之原因，不得于复选后始行主张。（七年上字第824号判决）② 选举诉讼时效期限之计算，当包括开票日在内。（大理院第1572、1576、1715号解释）"浮报选民，系属选举诉讼，其期间不得逾元年《众议院选举法》第九十条之限期。若在选举日前，自得随时起诉。"（大理院第1487号解释）"选举人于初选举日起五日内以舞弊起诉，于五日后追加其他违背法令之事实，苟非变更诉之原因，即不应受期间之限制。如系别一事件，提起诉讼，则应受限制。"（大理院第1711号解释）③

（三）审级与上诉

关于选举诉讼的审级，各国做法不一，有采一审终审者，亦有可按普通诉讼程序上诉者。主张一审终审、禁止上诉者，主要

---

① 郭卫编著：《民国大理院解释例全文》，吴宏耀等点校，中国政法大学出版社2014年版，第706页。

② 参见郭卫编：《大理院判决例全书》，中国政法大学出版社2013年版，第196页。

③ 郭卫编著：《民国大理院解释例全文》，吴宏耀等点校，中国政法大学出版社2014年版，第1151、1152、1226、1114、1224页。

是基于迅速审结、避免长期拖延、影响政治安定的考量；而反对一审终审者，则侧重于对当事人上诉权的保障。前述清末《咨议局议员选举章程》仿行日本《众议院议员选举法》，采用两审终审制；而民初《众议院议员选举法》则对于审级问题未做明确规定，大理院则通过多达7个司法解释来补充立法之疏漏。民国大理院所做的第1号解释，便是明确选举诉讼的审级问题："选举诉讼，本法既无不得上诉明文，自难加以限制。且查《选举法》第八十二、八十四各条，均采审判确定主义，当然准有上诉权。照本法第九十条规定，初选为三级审，复选为二级审。"（1913年1月15日）① 在这里，大理院将民事诉讼的三审终审制比照适用于选举诉讼；至于众议院议员复选的选举诉讼，因为一审管辖机关为省高级审判厅，二审为大理院，只能二审终审。可是，一方面在政治上，仍有选举诉讼尽快结案的需求；另一方面，国会议员对于由司法机关管辖选举诉讼亦颇有微词。1916年国会恢复后，有议员基于"党略"（政党选举谋略与选举利益）的计算，希望规避大理院对于选举诉讼的管辖权，"主张凡国会议员复选选举无效，当选无效等诉讼，均不应由大理院受理上诉"；对此，大理院回应说："参众两院选举法，虽未明言此项诉讼得上诉于大理院，亦未明言不得上诉。而依该法其他各条为法律精神之解释，终以准人民上诉为正当。"于是，大理院与国会就选举诉讼管辖权发生争议，国会甚至通过议案，宣告大理院判决无效并通告政府；而大理院则始终强调其司法解释权，并咨告政府注意国会职权范围。②

---

① 郭卫编著：《民国大理院解释例全文》，吴宏耀等点校，中国政法大学出版社2014年版，第255页。
② 黄源盛：《平政院裁判书整编与探讨》，载黄源盛：《民初大理院与裁判》，台湾元照出版有限公司2011年版，第54页。

最终，国会另行议决法律案，并交由政府于1917年4月25日以大总统令的形式公布："准国会咨称，《众议院议员选举法》关于第五章选举诉讼法律解释，经本会议决解释为《参议院议员选举法》《众议院议员选举法》之选举诉讼，不得援用普通民事诉讼程序提起上诉"，故应为一审终审。① 由于参议院议员选举诉讼规定比照适用《众议院议员选举法》，由此国会参众两院议员选举诉讼均改为一审终审，不得上诉。

尽管大理院不得不接受大总统令的规范，限缩了法院对于参议员和众议员选举诉讼的管辖权。② 但大理院又先后作出多项解释与判例，一方面强调1917年总统令仅限于国会两院议员选举，至于省、县议员选举仍适用第1号解释，仍可上诉；另一方面，大理院更通过多达5个司法解释，在事实上创设了参、众议员选举诉讼"一审终结、并得再审"的制度。1921年6月6日，针对江苏高等审判厅提出的疑问（国会议员"选举诉讼，因明令不适用通常上诉程序，当然不许抗告。惟当事人故意提起抗告，原审能否即予批驳，以符选诉速结之本旨？"），大理院答复说："不合法之抗告，仍经由上诉衙门裁判。"（大理院第1544号解释）这意味着尽管原则上国会议员选举诉讼一审终结，但并不等于上诉法院对于"不合法"之上诉应直接驳回，而仍应予以受理后再作裁断。紧接着，大理院又于6月9日和7月2日作出第1548、1560号解释，指出"不合法之通常判决，便宜上亦应许其上诉，并非谓只能上诉，不能声明窒碍"；"查声明窒碍，系因一造未经到庭辩论，为保全其审级上之利益，于原审衙门为之"；"选举诉讼，

---

① 《政府公报》第463期，1917年4月26日。
② 参见大理院第1523、1535号解释。

依《选举法》只限制其上诉，并未限制其声明窒碍"。这意味着，选举诉讼如一审裁判有法律上的瑕疵（如缺席审判），经当事人提请可以再审。同年12月23日，针对上海律师公会对于第1548、1560号解释的疑义，大理院作出非常详尽的解释："通常判决，应本于两造辩论之结果。若当事人一造于辩论终结之日未经到场辩论，而审判衙门本他一造之声请，予以不利益之判决，即为缺席判决。……此种不合法之通常判决，为当事人省讼累计，应许其声明上诉。若该当事人为保持其审级之利益，向原审衙门声明窒碍，亦不能不为准许。盖以该当事人未经到场，或到场而未辩论，或辩论而有未尽，即不能谓一审级已完全经过。……声明窒碍合法，原审衙门应即回复缺席以前之程度，重开审理，自毋庸分别决定。至辩论之范围，应斟酌案情，不宜有所限制。"（大理院第1657号解释）同年12月30日，针对北京律师公会提出的疑义，大理院作出第1568号解释，答复说之前的数号解释已经"足咨解决"相关的问题。① 这意味着，选举诉讼只要有法律上的重大瑕疵，当事人就可以提起再审；而再审乃是全面的审查，并不局限于之前的具体瑕疵。

在国会两院议员选举诉讼被立法限制为一审终审后，1918年大理院对于省议会议员选举的审级问题，亦通过判例确定了两审终审的原则。由省议会初选诉讼上诉者，以高等厅为终审（相应地，由省议会复选诉讼上诉者，则以大理院为终审）。"现行法上虽无何等明文，惟查省议会选举法第九十条选举人确认办理选举人员有舞弊及其他违背法令行为，得自选举日起初选于五日内向

---

① 郭卫编著：《民国大理院解释例全文》，吴宏耀等点校，中国政法大学出版社2014年版，第1138、1140、1145—1146、1192—1194页。

地方审判厅起诉，复选于十日内向高等审判厅起诉，……立法之意显系限制二审，以期速结。……是省议会议员选举之因初选涉讼上诉者，亦当然解释为上诉至高等判应为终审，不得复上诉于本院。"（七年上字第 29 号判决）①

原则上，各地之选举诉讼，初选案件由该地方之审判厅为一审，复选案件则由各地之高级审判厅初审。但是，由于民国初年司法资源捉襟见肘，新式地方法院（地方审判厅）并未普及，地方行政长官（县知事）兼理司法者还非常普遍，高等审判厅亦未普遍设立分厅，在蒙古、西藏等边疆少数民族地区现代法院则几乎付之阙如。② 尽管《众议院议员选举法》与《省议会议员选举法》均有所谓"未设审判厅之处，得向相当受理诉讼之官署起诉"之规定，但关于何为"相当受理诉讼之官署"则语焉不详；如果比照民事、刑事诉讼，由地方行政长官兼理司法、审理选举诉讼，难免会有行政机关干预立法机关之嫌。更何况，《众议院议员选举法》与《省议会议员选举法》均规定由地方行政长官担任初选之"选举监督"，"监督初选举一切事宜"；选区之划分由选举监督决定，选举人名册之调查委员由选举监督指派，投票管理员、监察员及开票管理员、监察员均由选举监督委任。在这种制度安排下，让充任选举监督的地方行政长官受理选举诉讼，恐怕难保公正。③ 不过，当时也有省议会议员初选诉讼之原告，基于便利就近向县知事兼省议会议员初

---

① 郭卫编：《大理院判决例全书》，中国政法大学出版社 2013 年版，第 202 页。
② 针对边疆地区司法体制的特殊情况，大理院作出第 626 号解释，明确盟旗参议员选举诉讼应以都统署审判处受理。
③ 参见江苏公民监视选举团编：《选举法规》，中华书局 1921 年版，第 29、46、76、94 页。

选选举监督提起选举诉讼的案例。① 可是，"选举无效之诉讼，以选举监督为被告"，而县知事乃是众议院议员与省议会议员初选中法定的选举监督，自然也是众议院与省议会议员初选无效诉讼的法定被告。尽管在县知事之外，县政府尚有县承审员可受理选举诉讼，但承审员乃是县知事兼理司法之助理，其任命又是由县知事呈请高等审判厅厅长核准委用，其在审判中难免会有偏私县知事的嫌疑。②在这种情况下，大理院认为可以由高等审判厅指定管辖："初选之选举诉讼，未设审判厅地方，自以县知事为相当官署。惟如以县知事为被告，而其承审员又被拒却，声请指定管辖者，高等厅认为正当，自可指定他厅县依法审判。"（大理院第797号解释）③尽管县知事并不担任县议员选举之总监督，但是由县知事受理与其并立的县议会议员之选举诉讼，则有违分权原则，尤其不合理。或者正是基于以上考虑，1921年颁布的《县议会议员选举规则》第51条明确规定："选举人确认办理选举人员有舞弊或其他违法行为，以开票后十日为限，得向地方审判厅提起选举诉讼。但无地方审判厅之区域，得向高等审判厅提起之。"④面对上述不同选举法规适用中的疑义，大理院连续作出第1697、1698两号解释，予以澄清：其一，根据《县议会议员选举规则》，县议会议员选举诉讼原则上"应向

---

① 参见大理院第830号解释。
② 参见秦烛桑编述：《法院组织法》，北京中国大学讲义1942年版，第120页。
③ 郭卫编著：《民国大理院解释例全文》，吴宏耀等点校，中国政法大学出版社2014年版，第689页。
④ 《政府公报》第1911期，1921年6月19日。在以大总统令颁布《县议会议员选举规则》之前，根据民国初年之规定，县议员之选举争议，由当事人申诉于县参事会，如不服县参事会之决定可移请省议会公断。（参见钱端升等：《民国政制史》（下册），上海世纪出版集团、上海人民出版社2008年版，第587页。）

地方审判厅提起"，"是该县知事当然无受理之权"；其二，在县区未设地方审判厅的情况下，其县议员选举诉讼，可向高等审判厅及其分厅起诉，也可依当事人之合意由邻县地方审判厅予以受理，"自不患无起诉之处"；其三，将高等审判厅分厅所为之选举诉讼判决等同于高等审判厅之判决，"至高审厅（包括分厅）为第一审之判决，自得向本院上诉"。①

作为最高司法机关，大理院裁判与解释的目的不是针对一人一事，而是为了统一全国法律之适用。大理院还通过判例，特别强调"大理院关于选举诉讼为上告审"，自我限缩对选举诉讼的管辖权，将其限为法律审，而不审查事实问题。"依《法院编制法》第三十六条，本院又本无控诉审判权，则凡不服高等审判厅关于选举诉讼之判决上诉于本院者，自应准用民事上告程序，以纠正原审违法之点为范围，而不为本案事实之调查。"（七年上字第889号判决）②

四、选举规则的司法续造

（一）候选人及选举人资格问题

1. 文化水平要件

尽管从比较法角度来看，民初中央与地方议会选举的普选程

---

① 郭卫编著：《民国大理院解释例全文》，吴宏耀等点校，中国政法大学出版社2014年版，第595、1215—1216页。
② 郭卫编：《大理院判决例全书》，中国政法大学出版社2013年版，第198页。

度已经相当高，但是当时对选举人及候选人资格仍有一定的财产或受教育程度的限制。例如1912年颁布的《众议院议员选举法》第6条与《省议会议员选举法》第5条均规定，"不识文字者"，"不得有选举权及被选举权"。① 但关于何谓"不识文字"，仍有一定争议，大理院则通过判决例进一步明确其含义："所谓不识文字者，自系于通常表示意思之文字不能知其义之谓，并非专指目不识丁者而言。故凡仅能自写姓名、年籍、数字或诵读书状术语，而通常文义茫然不知者，即为法律所规定之不识文字，不得任其有省议会议员选举权及被选举权。"（七年上字第1212号判决）②

2. 年龄计算

根据参、众两院之选举法，众议院候选人须年满25岁以上，参议院候选人须年满30岁以上。可是民国初年的户口登记相当粗疏，无法精准到月日。事实上，"民国元年调查选举人名册，均未载有生辰月日，关系选举人年龄计算方法，是否仍以生辰月日扣足为准？"对于该法律疑问，大理院答复说："法律亦未命将选举人诞生之月日详细列载，仅命其注明年岁，则选举法所规定之年龄，只需年历及岁，毋庸扣足，并无可疑，况采用扣足之说自须计算月日。揆诸我国现在情形，恐多窒碍，且有背法律期望选举诉讼迅速了结之本意，故凡法令之除有明文或按照本旨应为扣足解释外，似未便仅以通常用语之字义，阻碍法律之运行。本院接贵部来咨，因备参考起见，当即咨询内务部意见，兹据复咨

---

① 江苏公民监视选举团编：《选举法规》，中华书局1921年版，第26—27、74页。《众议院议员选举法》第5条甚至规定：在蒙古、西藏、青海，除具备法律规定的一般候选人条件外，必须"通晓汉语"，方可被选为众议院议员。

② 郭卫编：《大理院判决例全书》，中国政法大学出版社2013年版，第202页。

系与本院见解相同。"（大理院第587号解释）①理论上讲，计算年龄当然要精确到月日，但考虑到民初户口统计的现实，以及选举诉讼迅速结案的政治需要，大理院在征求内政部意见后，答复说只要法令没有明文要求，选举法规定之年龄就无须扣足月、日计算。

3. 籍贯

各选举区选出的民意代表是否一定要为本地居民，各国的实践并不完全一致，在理论上也有争议。主张代表地方的议员必须是本地籍贯者，主要是强调其代表性；反之，则认为不妨扩大议员人才选择的范围，不必拘泥于候选人的籍贯。而民初选举法仅规定议员选举人必须"在选举区内住满两年以上"；至于候选人法律仅规定必须为"中华民国国籍之男子"，至于是否居住于参选地区则未有规定。大理院通过判例，在事实上做了制度选择：众议院议员选举，其复选被选举人不必限于本区。（七年上字第953号判决）众议院议员被选举人"无论选举区内选举区外之人，及曾否列入初选名册，皆可当选，毋庸置疑"；"选举区别之规定，系为办理选举之便利而设，并所以分配议员之名额者，非谓某区所选出之议员只限于籍隶该区之人，而不能及于该区以外之人。"（七年上字第966号判决）只要是中华民国国民年满25周岁，"不论其县籍是否属于该被选举区之内，均得被选举为省议会之议员"。（十年上字第1675号判决）②

---

① 郭卫编著：《民国大理院解释例全文》，吴宏耀等点校，中国政法大学出版社2014年版，第575—576页。

② 郭卫编：《大理院判决例全书》，中国政法大学出版社2013年版，第199、200—201、204页。

4. 当选人为服刑犯的情形

1921年，黑龙江省省长向筹备国会事务局请示："选民犯刑事罪，于判决确定执行尚未终了，又未经宣告褫夺公权者，法文既无限制其当选，当然为有效。被选后，应否准予先行就职，抑俟刑期执行终了，再行发给证书就职？"筹备国会事务局未作解答，反而转请大理院解释。大理院回复："查现行《选举法》，对处徒刑而未褫夺公权者，并无限制其被选举权之规定，似此等人亦得当选为议员。惟参照《约法》第二十六条，已就职之议员犯罪，限于非现行犯及所犯非内乱外患之罪。在会期中须得议院许可，而后逮捕，此外与通常人犯罪无异。则对于在徒刑执行中当议员者，自无停止执行而任其就职之理。"（大理院第1517号解释）[1]这意味着，虽然服刑犯可以当选议员，在刑期内却不能就职；只有等服刑完毕，方可行使议员职权。

5. 办理选举人员之回避

根据《选举法》，设立选举总监督、初选监督、复选监督、选举名册调查员、投票管理员与监察员、开票管理员与监察员，负责指挥和具体办理地方选举事务。考虑到回避的问题，《众议院议员选举法》第9条与《省议会议员选举法》第8条明确规定办理选举人员于其选举区内停止其被选举权，但监察员不在此限。在现实的选务中，该规定仍有进一步解释的空间：其一，所谓"办理选举人员"之范围，"以法律明文列举者为限"。（二年上字第9号判决）[2]现行《选举法》解释"办理选举人员"，当以该法定有

---

[1] 郭卫编著：《民国大理院解释例全文》，吴宏耀等点校，中国政法大学出版社2014年版，第1127页。

[2] 郭卫编：《大理院判决例全书》，中国政法大学出版社2013年版，第195页。

名目者为限。如因便宜，于法定外临时增设之员不能以办理选举人员论。(大理院第12号解释)① 其二，调查员是否为办理选举人员？"所谓办理选举人员，自系指该法定有名目者而言。该法第二十三条既明定有调查员名目，即不能不认调查员为办理选举人员。"(八年上字第141号判决)② "选举调查员，自系办理选举，依现行《省议会选举法》第八条，于其选举区内，应停止其被选举权。本院八年上字一四一号判例，现未变更。"(大理院第1659号解释)③ 其三，监察员当选是否有弊？依据《选举法》规定，监察员当选并非违法。(七年上字第889号判决)既然监察员依法可以当选，即使在选区内有多达3位监察员当选，也不能据此片面推测选举有舞弊行为，"审判衙门要不能以设想之词据为定谳"。(八年上字第1278号判决)④ 其四，选举管理员之任用，是否应行亲属回避？"办理选举人员，据省议会议员选举法第十六条，仅监察员应以本区选举人为限，而于管理员并无若何限制，亦未规定叔侄应行回避。故无论其是否用私人，苟于法无所违背，即与选举有效与否之问题无关。"(八年上字第1278号判决)⑤ 其五，办理初选人员是否可以作为复选的候选人？对此大理院裁定说："办理选举人员，应于初选及复选区内一并停止其被选举权，始足以使其

---

① 郭卫编著：《民国大理院解释例全文》，吴宏耀等点校，中国政法大学出版社2014年版，第260页。
② 郭卫编：《大理院判决例全书》，中国政法大学出版社2013年版，第203页。
③ 郭卫编著：《民国大理院解释例全文》，吴宏耀等点校，中国政法大学出版社2014年版，第1194—1195页。
④ 郭卫编：《大理院判决例全书》，中国政法大学出版社2013年版，第197、204页。
⑤ 郭卫编：《大理院判决例全书》，中国政法大学出版社2013年版，第204页。

忠诚尽职，不致假公济私。"（八年上字第71号判决）[①]其六，办理选举之县知事，在其选举区内依法停止被选举权，可如果他在初选完毕复选未举行前解任，是否可以作为复选的候选人？大理院认为这种情况下，该解职县长的被选举权于复选仍受限制。（大理院第1616号解释）其理由从八年上字第71号判决亦可推知。[②]

6. 现任官吏不得当选议员 [③]

根据《众议院议员选举法》，对于现役军人、现任行政与司法官吏、巡警，停止其选举权及被选举权；《省议会议员选举法》同样规定现役军人、现任司法官吏、本省现任行政官吏及巡警，须停止其被选举权。至于"现任官吏"之定义，仍需大理院通过判决与解释明确：其一，"依现在有效法令定有官职，并由有任用权者之合法任命，从事于国家公务之人为官吏，其现在本职者为现任官吏"。（二年上字第9号判决）[④]其二，"各省现任人员，如为法令所定，并奉有该省长官正式委任令，现从事国家公务者，自应认为官吏，依法停止其被选举权。……现任官吏辞职未准，不得谓非在职，故仍适用停止被选举权条文"。（大理院第12号解释）[⑤]

[①] 郭卫编：《大理院判决例全书》，中国政法大学出版社2013年版，第203页。

[②] 参见郭卫编著：《民国大理院解释例全文》，吴宏耀等点校，中国政法大学出版社2014年版，第1170—1171页。

[③] 有趣的是，当1947年《中华民国宪法》确立宪法审查（大法官会议）制度后，大法官所做的第1号宪法解释居然仍是关于民意代表（立法委员）不得兼任官吏问题的："立法委员依宪法第75条之规定不得兼任官吏，如愿就任官吏，即应辞去立法委员。其未经辞职而就任官吏者，亦显有不继续任立法委员之意思，应于其就任官吏之时视为辞职。"（1949年1月6日）

[④] 郭卫编：《大理院判决例全书》，中国政法大学出版社2013年版，第195页。

[⑤] 郭卫编著：《民国大理院解释例全文》，吴宏耀等点校，中国政法大学出版社2014年版，第260页。

其三,"被选时尚系现任官者,停止其被选举权",即使当选后辞职,"其当选自不能认为合法"。(七年上字第966号判决)[1] 其四,尽管《参议院议员选举法》没有明文规定,但"《参议院议员选举法》第三条其被选举资格,应从众议员选举法所定。查照该法第七条二款现任官吏,亦应停止被选为参议员之权,是否候补当选人本无区别,故《参议院议员选举法施行细则》第十三条所称被选举人,应包括候补当选"。(大理院第571号解释)[2] 其五,"文官高等考试及格人员,在学习期内,虽未完全取得官吏之资格,然官吏服务令及惩戒条例等法规,皆应准用,自无许其兼充议员之理"。(大理院第1406号解释)[3] 其六,国有企业如"铁路局雇用人员,不能视为官吏",不能"使国家与个人间之私法关系(雇佣契约),均一变而成公法关系(官吏)"。(七年上字第889号判决)[4]

(二)投票规则

1. 投票时间

在法定投票时间(早8时)开始之前,"听选举人先时入所,

---

[1] 郭卫编:《大理院判决例全书》,中国政法大学出版社2013年版,第200页。
[2] 郭卫编著:《民国大理院解释例全文》,吴宏耀等点校,中国政法大学出版社2014年版,第566页。相应地,候补当选人亦可作为选举诉讼的被告:《省议会议员选举法》第91条"选举人确认当选人资格不符,或票数不实者,得依前条之规定起诉",其所谓"当选人","当然包括候补当选人在内"。(大理院第1075号解释,参见郭卫编著:《民国大理院解释例全文》,吴宏耀等点校,中国政法大学出版社2014年版,第851页。)
[3] 郭卫编著:《民国大理院解释例全文》,吴宏耀等点校,中国政法大学出版社2014年版,第1061—1062页。
[4] 郭卫编:《大理院判决例全书》,中国政法大学出版社2013年版,第191页。

而投票仍在 8 时以后","尚不为选举无效之原因"。(大理院第 1637 号解释)①选举日期"不遵教令","而由各省总监督于办理选举时径自决定者,显属无权命令,与《众议院议员选举法》第三条抵触","应认为办理选举违法",该选举无效。(二年上字第 12 号判决)"延长投票时间未至闭所时刻者,不得指为违法。"(七年上字第 889 号判决)"投票完毕既不限定时,故于选举期日内能为合法投票之人满三分之二者,即为有合法人数到会。"(七年上字第 890 号判决)"随到随投为参选法所认许。"(七年上字第 890 号判决)在法定投票时间(午前 8 时至午后 6 时)内,"选举人当然可以随时入所投票",监督不得无故终止投票、不准选举人入所。(七年上字第 1213 号判决)②

2. 选票

选票乃是选民行使其投票权的载体,也是选举结果的证明文件,选举诉讼也常常围绕选票与计票问题而展开。以美国 2000 年的总统选举诉讼(布什诉戈尔)为例,尽管美国的立法与行政机关选举经验相当丰富,可时至今日,关于选票的有效性认定及计票标准仍然存在法律漏洞;由此亦可想见民国初年办理选举时,关于选票问题的疑问必然层出不穷。大理院在该领域也确立了如下规则:其一,选票上如有记号("污损或不依式及夹写他事"),如无其他证据,则仅能将该选票作废,而不能据此推断"办理选举人员之舞弊""通谋故纵"。(七年上字第 889 号判决)"选举票

---

① 郭卫编著:《民国大理院解释例全文》,吴宏耀等点校,中国政法大学出版社 2014 年版,第 1182 页。

② 郭卫编:《大理院判决例全书》,中国政法大学出版社 2013 年版,第 195、198、192、202 页。

被墨污而字能辨认者，不得认为无效。"（八年上字第 328 号判决）其二，"审理选举诉讼，不能使投票人陈述所举之人"，"选举法既采用无记名投票制度"，"不令各投票人担负陈述所举何人之义务，即所以保持其选举之自由。原投票之人纵令一一传到咨询，自亦难认其事后之陈述为真实"。（七年上字第 963、1149 号判决）其三，判理选举诉讼不能核对投票笔迹，因为既然是无记名投票，"自无标记可认为何人所书"。（七年上字第 963 号判决）其四，"得票计算方法不当，仅关于各该被选举人所得票数之多寡，除落选人得以其所得票数应当选而未当选为理由提起当选诉讼外，不能遽为选举无效之原因"。（七年上字第 962 号判决）其五，被选举人对于其所得票数之由来，无举证义务。（八年上字第 1277 号判决）①

3. 投票、开票、榜示

其一，"多设票匦，使得分次并日投票，以期节省劳费，固为法所不禁"。（七年上字第 889 号判决）其二，选举法仅规定在投票开票所可以临时增派巡警维持秩序，并未提及加派军队；虽然有"于投票开票所加派军队"的情形，但"并无威迫举动者，使失其投票自由，则加派军队一事既不碍及该选举之正当结果，自难据为选举无效之原因"。（七年上字第 937 号判决）其三，"写票席应设若干，法律上并无规定"，"为预防互相窥视起见，仅设写票一席，亦不能谓为违法"。（七年上字第 962 号判决）其四，公推监守票匦人，其开票时间违法及封锁票匦未践行法定程序，均

---

① 参见郭卫编：《大理院判决例全书》，中国政法大学出版社 2013 年版，第 198、200、203、199、204 页。

为选举无效之原因。(七年上字第1162号判决) 其五, 投票、开票可于同日举行。(七年上字第1213号判决) 其六, 榜示当选, 须于选出时即行之; 榜视当选, 无一定形式; 通知当选不与榜示同时, 非无效原因。(六年上字第153号判决)①

4. 冒名投票与代理投票

在现实的选举过程中,冒名顶替投票的情形时有发生,而管理、监督投票者也无法一一甄别清楚;一旦此种情形被发现,可能会引发选举无效之诉讼,对此大理院认为只有违法投票足以影响选举结果,或确有选举舞弊,方可认定为选举无效。其一,违法投票及违法未投之票,若于选举结果无影响,不能认其他合法投票及已足法定票数之当选无效。"违法投票,但将该票除去,而当选人所得之票数及未投之票于选举结果均不能有所动摇,自不得因有一票违法或有一票未投,遂将其他合法投票及已足法定票数之当选认为无效。"(十一年上字第61号判决)② 其二,"如有选举人请假,他人冒名替投",而"当选人所得票数,除去冒投之票,仍满法定数额者,尚非票数不实,当选系属有效"。(大理院第1570号解释)③ "冒名顶替投票,该被扣之人在未扣以前系冒投,苟办理选举人员并无故纵情弊,尚不能使选举效力因之动摇。"(七年上字第889号判决)④ 其三,"有选举人确因特别事故未能到场投票,而在报到簿中,乃有以该选举人名义签到、投票、选票

---

① 参见郭卫编:《大理院判决例全书》,中国政法大学出版社2013年版,第197、199、201、205、190—191页。

② 郭卫编:《大理院判决例全书》,中国政法大学出版社2013年版,第204页。

③ 郭卫编著:《民国大理院解释例全文》,吴宏耀等点校,中国政法大学出版社2014年版,第1150页。

④ 郭卫编:《大理院判决例全书》,中国政法大学出版社2013年版,第198页。

之事实，其为冒替可知"，但不能简单推测此乃选举舞弊，因而选举无效；是否选举无效，"应以管理员及监督员是否知其冒替，未令退出为断"。（大理院第1767号解释）① 其四，尽管大理院认为违法投票并不等于选举舞弊，也不一定会造成选举无效之结果，但其也不是一味放纵，甚至还特别强调："投票不适用代理，虽经监督批准，亦属当选无效。"（大理院第1637号解释）②

（三）"法官造法"之极致：七年上字第889号判决

如前所述，大理院在其所作出的32个选举诉讼判决中，抽象出判例要旨72条；这其中"一判多例"的10个判决，总共贡献了40条判例要旨。在七年上字第889号判决中，大理院"裁判造法"权力之运用达到顶峰。其通过一个判决，居然抽象出判例要旨19条，补充立法涉及《参议院议员选举法》《众议院议员选举法》等多项法律；内容涉及选举无效诉讼应以谁人为被告、初选之诉讼时效、选举监察员能否当选、选举名册誊本之疏漏、多设票匦是否合法，以及多种选举无效之判断标准等方方面面。在该号判决中，除前文已引用者外，还包括如下关于选举无效的判断标准："违法舞弊须出于办理选举人员积极或消极之行为，始为选举无效原因"；"违法舞弊须碍及该选举全体正当之结果，始为无效"；"判定选举资格虽有未当，亦不得即指为舞弊"；"选举人资

---

① 郭卫编著：《民国大理院解释例全文》，吴宏耀等点校，中国政法大学出版社2014年版，第1256页。
② 郭卫编著：《民国大理院解释例全文》，吴宏耀等点校，中国政法大学出版社2014年版，第1182页。

格虽有未符，而于全体无涉者，不为无效原因"；"判定选举资格未登报公布者，不为无效原因"；"选举监督莅场少疏，不为无效原因"。①

五、小结

选举诉讼乃是政治问题司法化的典型范例，选举事务的高度竞争性造成参选者不停地游走在法律的边缘，立法者所意想不到的状况亦时有发生，法官裁判在很大程度上也包含有政策选择与政治平衡的成分。以美国最高法院裁判2000年总统选举诉讼（布什诉戈尔）为例，在该案审理过程中，9名大法官依据其政党倾向分为两派，共和党背景的多数派最终判决同党的布什胜诉。该判决引发了重大争议，如果最高法院不裁判停止重新计票，很有可能最后的计票结果会令戈尔胜选；因此甚至有人认为，该判决足以动摇最高法院的公信力。可事实上，不仅当时该判决为败诉方戈尔所平静接受，之后最高法院的权威也并未因这个饱受批评的判决而受到明显的伤害。将选举争议的管辖权赋予司法机关或准司法机关——不管是普通法院、行政法院、宪法法院还是特设的选举法院与选举委员会，其目的均在于由一个相对独立于政治部门（立法、行政机关）的专业机关来解决选举纠纷。就民国初年的现实而言，唯一能担此重任的便是大理院以下各级普通审判机

---

① 郭卫编：《大理院判决例全书》，中国政法大学出版社2013年版，第191—192、197—199页。

关。在当时中央权力不振、军阀割据的背景下，各级法官仍由中央任命，整个司法体系在原则上不受地方的干预，各地选举诉讼的法律疑义循上诉和司法解释的程序，由位于司法体系顶端的中央大理院通过终审与解释来"补充立法"，这几乎是实现国家选举法律解释与适用一致的唯一可行途径。

在民国初年的选举诉讼领域，大理院以条文有限且文义模糊的成文法规则为基础，通过判例和解释例赋予大理院以下各级审判机关以普遍的管辖权，并规范选举诉讼程序、补充选举规则，具体包括选举诉讼与妨害选举罪的区隔、起诉资格与起诉权、诉讼时效、审级与上诉制度、候选人与选举人的资格认定、办理选举人员之行为规范与回避问题、投票时间、选票认定与计票规则、投票与开票之规范、冒名投票与代理投票的处理等等，可谓全方位的"法官造法"。由于选举实务中的疑义实在太多，大理院甚至不得不在一个具体案件的判决中创设多个抽象的规则（判例要旨），形成"一判多例"的奇观。

大理院对于选举诉讼的管辖权也遭到政治部门的非难与阻挠，国会与大总统甚至通过法案来限制选举诉讼的审级，进而剥夺了大理院对于参众两院议员选举诉讼的终审权。尽管如此，大理院仍然顶住政治压力、克服现实困难，继续通过判例与解释例对于中央、省、县各级议会议员的选举法规进行司法续造。大理院在事实上取代中央选举机关（筹备国会事务局），成为选举规则的有权解释机关，因而在一定意义上集司法、立法与行政权力于一身。在选举诉讼并无独立、完整的法定程序，初审机关普遍以地方行政长官监理司法的窘境下，大理院"因陋就简"地准用民事诉讼程序，通过公布具体案件的判例要旨与抽象的司法解释，澄清选举规则、规范诉讼程序，并采用异地管辖与指定管辖的变通方式，以解决县知事回避的问题；即使在迅速结案的政治压力下，大理院依然通过创设上诉与再审的程序，来保障当事人的权利与选举的公正有效，实现国家选举法制的统一。民初大理院在选举诉讼领域如此"有为"，这在国会屡被解散、政府"阁潮"连连、选举法制极不完备、选举经验奇缺、贿选丑闻不断的民国北京政府时期，可谓是个"异数"。

第二章　平政院裁判与近代中国文官保障制度的司法实践

一、文官保障制度的发生及其价值

传统帝制中国虽有官员与胥吏的分别，却无政务官与文官（事务官）之分。在科举取士的大原则下，士大夫通常由低级官员逐级升迁；虽然在通常程序之外也有皇帝特简者，可以不拘泥于官吏之资格与其他限制，越级拔擢，"然于其实际，据此形式任用之事几希"，所以纵然是最高等级的宰辅也往往是从小官拾级而上。① 在君主专制之下，所有官员在制度上均为皇帝所任命，除改朝换代外不存在政府的轮替，"清国官吏皆终身官也，自非惩戒免官，不独终生得保其分限"。② 从民选责任政府的视角来看，所有官员均终身任职固然有其缺陷；但从行政专业化与政府施政稳定有序的角度来说，为普通文官提供身份保障亦有其不可替代的

---

① 参见［日］织田万：《清国行政法》，李秀清、王沛点校，中国政法大学出版社 2003 年版，第 348—349 页。
② ［日］织田万：《清国行政法》，李秀清、王沛点校，中国政法大学出版社 2003 年版，第 303 页。

优点。

　　文官保障制度的目的在于实现文官体系的中立，以确保在政党轮替的背景下，整个官僚机构依然维持专业性与延续性。"只有职位是终身的以后，事务官始能对于其所从事的政府工作获得专门经验"，也才能够相对独立于政治人物行使职权；"事务官中立不仅是供给政府专门知识的必要方法，而且是民主政治下政治波动的安定势力"；中立的事务官是"党派斗争中的公平评判员""政治波动中社会全体利益的最后保障者"。① 依现代欧美国家（包括日本）体制，公务人员往往分为政务官与文官两类。政务官指"参与国家政策方针之决定，并随执政政党更迭或政策改变而进退之公务员"，政务官通常不须经过公务员考试，无相应任用资格限制，是通过选举或政治任命而就任，同时也因政治原因而去职，无公务员身份保障；文官则指"依既定之政策或施政方针而执行行政任务之公务员"，文官之任用有法定资格限制，有日常考绩，同时享有公务员身份保障权，非因届龄退休或受撤职惩戒，不得剥夺其公务员身份。②

　　美国建国之初的一百年间，不分政务官与文官，其任免均在政党支配之下，文官的身份全无制度保障，时人称之为"政党分赃制度"。最初分赃制度只是在各邦流行，1829年杰克逊（Andrew Jackson, 1767—1845）担任总统后，正式将分赃制度引入联邦层级的文官职位分配。杰克逊"是一位意志坚强情感丰富

---

　　① 参见王名扬：《事务官中立问题的研究》，载《王名扬全集：论文、词条汇编》，北京大学出版社2016年版，第20—23页。

　　② 参见陈敏：《行政法总论》，（台北）自刊2013年，第1072—1074页。

的总统,他相信前任总统所留下来的事务官的政治信仰都是错误的,而且以为这些事务官都是他的仇敌。他是民主政治的热烈拥护者,唯恐官僚政治形成"。自杰克逊总统以后,在美国"每次新总统登位,照例撤换全部旧有官吏以缺位酬劳本党党员"。① 也有学者认为杰克逊这么做是为了打破官员的终身制与将官职作为私人财产的观念,通过公职轮替避免官员的独裁与腐败。② 或许杰克逊改革有其历史意义,但分赃制度实行以后,"事务官素质大为降低""各种腐败情形层出不穷",其中"最大的黑暗是事务官与政治打成一片",以至于"当初民主的狂热在行政腐败的情形下渐渐消失"。1881 年,加菲尔德(James Abram Garfield, 1831—1881)总统被一个求官未得的人刺死,在舆论的压力下,国会于 1883 年通过《事务官法》,彻底终结了文官职位的分赃制度。③ 尽管美国已建立起与政务官分流的文官制度,但是与英、德、法等国相较,美国文官体系的独立性仍不如人意;时至今日,在一些学者看来,美国的行政机关依然过度政治化,这破坏了文官体系的专业性与延续性,并进一步破坏了国家的法治。④

---

① 王名扬:《事务官中立问题的研究》,载《王名扬全集:论文、词条汇编》,北京大学出版社 2016 年版,第 30 页。
② 参见[美]杰里·L. 马肖:《创设行政宪制:被遗忘的美国行政法百年史(1787—1887)》,宋华琳等译,中国政法大学出版社 2016 年版,第 185 页。
③ 参见王名扬:《事务官中立问题的研究》,载《王名扬全集:论文、词条汇编》,北京大学出版社 2016 年版,第 31—32 页。
④ 参见[美]布鲁斯·阿克曼:《别了,孟德斯鸠:新分权的理论与实践》,聂鑫译,中国政法大学出版社 2016 年版,第 96—113 页。

二、近代中国文官保障制度的建立

辛亥革命之后,中国新生的共和制政府建立了现代责任内阁与政党政治制度。可由于政党的幼稚与政治势力的尖锐对立,在十几年的时间里内阁更迭居然超过三十次,能坚持一年以上的内阁十分罕见。北京政府第一任唐绍仪内阁、第二任陆征祥内阁都只维持了约三个月,"素负重望"的熊希龄"第一流内阁"坚持了约半年,王宠惠之"好人政府"则仅存活了两月有余。中央政府内阁更迭如此频繁,政务官固然是你方唱罢我登场,本应处于超然地位的文官也难免遭受池鱼之殃。在政潮连连的背景下,欲实现政府的持续运转,文官中立与保障制度的建立至关重要。如前所述,在中国古代虽没有责任内阁与政党轮替制度,但公务人员的身份保障制度在一定意义上却一直存在。近代有关公务人员保障之规定,最早见于1912年3月《中华民国临时约法》对于法官之身份保障,根据该法第52条,"法官在任中不得减俸或转职,非依法律受刑罚宣告,或应免职之惩戒处分,不得解职。惩戒条规,以法律定之"。[①] 关于普通文官之身份保障,1913年1月,民国北京政府以教令的形式颁布了《文官保障法草案》,规定"凡文官非受刑法之宣告、惩戒法之处分及依据本法不得免官"(第2条),依法免官者须根据官等交付相应文官惩戒委员会审查(第4条),"凡文官非得其同意不得转任同等以下之官"(第5条);并

---

① 参见夏新华等整理:《近代中国宪政历程:史料荟萃》,中国政法大学出版社2004年版,第159页。

于同时颁布《文官惩戒法草案》，规定一般文官非据该法不受惩戒（第1条）。①《文官保障法草案》与《文官惩戒法草案》未经当时的临时国会（参议院）审议通过为正式法律，其发生法律效力的依据乃是行政机关发布的《文官任免惩戒保障执行令》，声明以上各法案未经正式公布之前，"所有文官任用、惩戒、保障各项事宜仍暂行适用各该草案办理"。②对照《临时约法》关于法官身份保障的条文与《文官保障法草案》《文官惩戒法草案》有关文官身份保障的规定，可以说是大体类似。依据现代行政法之原理，"官吏有要求国家不得任意而剥夺其官吏身份之权利。此现今各国关于官吏之惩戒，所由必设置特别之机关厘定严重之程序也"。③

国家对于公职人员的身份保障并非漫无边际，否则难免沦为包庇或纵容，也会影响行政效率；在一定意义上，文官的惩戒制度乃是"寓保障于惩戒之中"。文官保障的核心在于避免行政长官恣意处分职业官僚，对文官惩戒设置法定的条件与程序。在主管长官之外设立相对独立的委员会，以处理职业文官的惩戒或申诉事宜，并提供司法救济途径，是各国普遍的做法：④（1）英国轻微惩戒权（如警告、申诫）属于直属长官，至于较重之惩戒，则由设于中央各部会机关之惩戒委员会调查并作成结论，呈请机关

---

① 参见《政府公报》第243期，1913年9月1日。
② 参见林月娥：《公务员惩戒制度之研究》，"司法院秘书处"1996年版，第7—8页。
③ 钟赓言：《钟赓言行政法讲义》，王贵松等点校，法律出版社2015年版，第263页。
④ 各国制度参见柯庆贤：《公务员弹劾惩戒惩处之理论与实务》，"司法院"2002年版，第49—161页；林月娥：《公务员惩戒制度之研究》，"司法院秘书处"1996年版，第64—90页。

首长作出惩戒决定；文官如不服其长官或惩戒委员会之惩戒决定，可向文官申诉委员会（Civil Service Appeal Board）申诉；对于文官申诉委员会的裁定如仍不服，则可向实业法庭（Industrial Tribunal）提起上诉。（2）在美国，官员如不服主管长官之惩戒决定，可向上级机关提出复议申请；如不服复议决定，可向独立的功绩制度保障委员会申诉。如一方或双方不服功绩制度保障委员会之决定，则可向联邦上诉法院提起上诉；如其案情与薪俸有关，则应向权益讼争法院（The Court of Claims）提起上诉。（3）法国官员惩戒权属于有任命权之主管机关，但除轻微处分（警告或申诫）外，主管机关必须征询惩戒委员会之意见，方能最后作出惩戒决定。被付惩戒之文官如不服，可提起申诉，由国家最高公务员咨议会所设之申诉委员会受理。该官员对于申诉委员会的决定如仍不服，可以提起行政诉讼。（4）日本在二战前，依宪法"官制大权"与"任官大权"属于天皇，官员之经济权利与身份保障在性质上属于天皇之恩赐，故而与现代公务员享有之保障权利相去甚远。二战后，官员惩戒权属于有任命权之主管机关首长和人事院；人事院为设于内阁下之行政委员会，为中央人事机关之一，具有高度独立性与广泛的权力，它可直接对全国职业官僚行使惩戒权，同时为全国官员惩戒之"复审机关"。人事院作出复审裁定后，若该公务员仍不服，可依《行政诉讼法》之规定向法院提起撤销诉讼，以求救济。（5）德国自普鲁士于1852年设立惩戒法庭（惩戒法院），便长期由专门法院管辖较重之惩戒及职务长官所为之轻微惩戒的上诉；直至2002年联邦德国废除惩戒法院，将惩戒案件交由普通行政法院管辖。总的来看，欧美日各国均对文官惩戒给予司法救济的渠道；而在大陆法系国家，这往往意味着行政法院对于惩戒行为的审查。

南京临时政府于1912年3月11日颁布的《中华民国临时约法》，便规定"人民对于官吏违法损害权利之行为，有陈诉于平政院之权"（第10条）；"法院依法律审判民事诉讼及刑事诉讼；但关于行政诉讼及其他特别诉讼，别以法律定之"（第49条）。[①]至于行政诉讼的管辖机关，早在辛亥革命后不久，宋教仁所拟《中华民国临时政府组织法草案》，就明确提出人民"对于行政官署违法损害权利之行为，则诉于平政院"（第14条）。[②]1914年3月31日《平政院编制令》颁布后，民国北京政府公务员惩戒及保障机制进入文官惩戒委员会与平政院并立时期。[③]尽管在理论上官员和官署的关系，与普通人民和政府的关系有所不同，前者之间存在所谓的"特别权力关系"，官员因其身份特殊，其个人权利的行使受到一定的限制，但这并不意味着职业文官面对其与主管机关之间的争议，不能援引宪法性法律赋予的权利，诉诸行政审判以求救济，特别是在职业文官的身份保障遭到不法的侵害时。在审判实践中，平政院不仅审理行政机关与行政相对方的外部行政争议案件，也审理行政机关内部的争议案件，包括行政机关对于其官员的重大身份处分行为（如降等、停职、免职等，至于较轻微的惩戒处分争议，如事关减俸与申诫者，平政院通常不予受理）

---

① 夏新华等整理：《近代中国宪政历程：史料荟萃》，中国政法大学出版社2004年版，第157、159页。

② 参见缪全吉编著：《中国制宪史资料汇编——宪法篇》，"国史馆"1991年版，第44页。

③ 关于近代中国的公务员惩戒委员会制度，参见聂鑫：《民国时期公务员惩戒委员会体制研究》，《法学研究》2016年第3期。

以及行政机关之间的权限争议。尽管在文官惩戒实务中,绝大多数的惩戒案件由高等及普通文官惩戒委员会裁决结案,①但仍有少数特别有争议的案件会由当事人提交行政审判,并得到平政院的受理。

据学者整理、统计,从1915年到1928年13年间平政院所作出的行政诉讼判决书共有187件,其中涉及人事资格争议的有22件,占总数约12%,所占比例并不算小。②笔者仔细翻阅以上22件人事资格诉讼,其中涉及公职人员身份保障的,有13件(其余为学生和僧侣的人事争议);其中变更原机关处分的有3件,取消原机关处分的有7件(包括司法部对一名高等审判厅厅长的处分),维持原机关处分的有3件(包括县议会副议长、省禁烟局所委派之县禁烟委员、县通俗教育演讲所职员)。③考虑到维持原处分的案件当事人均不具备文官资格(或文官资格在此前已被取消),事实上涉及文官(含法官1人)身份保障的案件共有10件,其中取消(撤销)原处分判决7件(占70%)、变更原处分判决3件(占30%),无一例案件维持原处分。与全部187件案件中,维持原处分占54%、取消原处分占24%、变更原处分占

---

① 以1914—1916年的数据统计,每年仅高等文官惩戒委员会就会做出100—200件的裁决,其中有半数以上涉及文官身份的褫夺或降等,而裁定不受惩戒或免于处分的仅约占5%。(统计数据参见陈广华:《袁世凯政府时期的文官惩戒制度研究(1912—1916)》,河南大学硕士学位论文,2009年,第38页。)

② 数据仅为平政院审理并作出裁判的案件,不包括事实上占了大多数的被平政院驳回的案件。参见黄源盛:《平政院裁判书整编与探讨》,载黄源盛:《民初大理院与裁判》,台湾元照出版有限公司2011年版,第382—383页。

③ 所有判决书参见黄源盛纂辑:《平政院裁决录存》,台湾五南图书出版有限公司2007年版,第901—1001页。

22%相较,① 平政院在审理文官身份案件中的判决应当说是相当激进。与大量由两级文官惩戒委员会裁决的惩戒处分相较,平政院判决作为"关键的少数",在一定意义上提供了"案例指导"的典范,对于文官保障制度的落实亦有不可替代之价值。如果说文官惩戒委员会对于职业文官来说是"寓保障于惩戒之中"的话,平政院裁判对于文官处分的救济,则是文官保障的最后一道防线。以下本文将针对这些典型案例予以分类论述。

三、通过行政审判落实文官保障制度

(一)政治风潮下平政院管辖权的确立

1916年袁世凯复辟帝制失败而亡,北洋政府很快宣布恢复《临时约法》,由黎元洪继任总统、由总理段祺瑞组阁。原政府各部司长以下各级文官,在数年间历经从共和到帝制再回复共和的闹剧,不得不面对阁潮之下各部总长频频换人的政治窘境;国家大政乃至国体都朝令夕改,下级文官难免举止失措。"再造共和"后,在反对袁世凯复辟中表现积极的孙洪伊被任命为内务总长;孙洪伊认为内务部官员在朱启钤担任内务总长(兼袁世凯登基大典筹备处处长)时参与复辟大典特别积极,所以要整顿部务、清理之前"附逆"者;孙氏于1916年9月8日发布将参与帝制的64

---

① 统计数据参见黄源盛:《平政院裁判书整编与探讨》,载黄源盛:《民初大理院与裁判》,台湾元照出版有限公司2011年版,第384—385页。

人停职的部令，是为内务部大改组案。在此之前，新任交通总长许世英于同年 8 月 14 日，擅以部令将交通部三十余名官员停职、两名官员降职；对于停职所空出来的职位，许世英也另行派员以"试署"的方式填补了空缺。① 内务部与交通部被停职的官员向平政院提起行政诉讼；在当时政局动荡、阁潮连连的背景下，如何保障文官的"政治中立"与"职位安全"，这成为一个大难题。

比较当时欧美各国文官保障的实践，仅有部分国家给予文官惩戒以司法（行政审判）的救济途径。而从民国初年的行政诉讼与文官保障立法来看，平政院对于文官处分案件的管辖权也存在一定争议，甚至文官保障立法的有效性也受到质疑。

针对起诉，交通部提出的答辩书相对温和，其声称：所停职文官由于资格原因，不应适用《文官保障法草案》；再者，停职与免职不同，"有另候任用字样"，故而不算违法处分；与此同时，交通部也委婉地提出平政院审判法律依据的疑问，"文官保障法草案事实上是否有效尚属疑问"；另外，交通部作出停职处分的原因之一乃是经由大总统核准的"裁并机关、节俭经费"的机构改组，其处分有政治上与法律上的依据。平政院最后的判决书认为尽管交通部的答辩并非完全无理，但其在程序上与实体上仍然存在越权违法的问题，故而作出变更处分的裁决。②

与交通部的情形不同，内务部停职的文官不仅数量更多（停职规模接近甚至超过内务部原有文官的半数），而且其中包括大

---

① 参见张超：《政治和法律的互动：孙洪伊与 1916 年平政院受理的内务部停职案》，《北京社会科学》2014 年第 8 期。
② 参见黄源盛纂辑：《平政院裁判录存》，台湾五南图书出版有限公司 2007 年版，第 908—909 页。

量明确受《文官保障法草案》保障的高等文官。可是与交通部提出的答辩书相较，孙洪伊任总长的内务部的态度却激烈得多。尽管面对国会议员的质询与平政院审理该案件的双重压力，孙洪伊依然提出非常尖锐的辩护意见，根本质疑平政院对本案的管辖权：其一，"平政院只能受理人民与官吏之诉讼，不能受理属员与上官之诉讼"，故而被解职文官不具备行政诉讼的主体资格；其二，"《文官保障法》未经国会通过，不得依为根据"，故而受处分官员起诉所依据的实体法无效；其三，平政院乃是袁世凯的政治遗产，《平政院编制令》的法律效力值得怀疑，"平政院之机关将来宪法上未必存在，平政院既根本摇动，此等诉讼案件届时自然随之消灭"。需要特别强调的是，孙洪伊甚至未依据平政院的要求提出正式答辩书，而是"以部门之间咨文的形式予以回复"，这也表现出孙洪伊对于平政院管辖权的质疑。①

平政院经过全体会议讨论，认为行政诉讼对于人民权利的保障，除法律明文规定的例外，也应及于官吏，故而被停职文官有权诉诸平政院。平心而论，孙洪伊提出的抗辩理由并非全然无理，平政院对此也很难一一作答；但平政院裁判书抓住了内务部拒绝提出答辩书的程序瑕疵，指出"被告对于原告经本院咨送诉状副本迄今未依式提出答辩，应认为自行抛弃答辩之权利"。据此，平政院在判决书中也就不必回答《文官保障法草案》的法律效力问题，也不需要在判决书中提及《行政诉讼法》是否可以适用于官吏这一在法理上与比较法上都存在争议的问题。平政院抓

---

① 参见张超：《政治和法律的互动：孙洪伊与1916年平政院受理的内务部停职案》，《北京社会科学》2014年第8期。

住内务部处分违反法令且超越权限("蔑视大总统职权")的软肋,裁判取消内务部的处分,并宣告:"虽依据通常行政法理,部长于所属贤否,行使其监督权以为考核固非所禁,如认有必须解除其职者,则应于法律上有正当明确之事由;系荐、简任各职又应呈奉大总统令公布照准;即职属委任,亦不得无故勒停。"①

平政院于作出裁判后,孙洪伊坚持不肯配合,总统黎元洪、总理段祺瑞以及多名国会议员均卷入此一政治难题,最终以内务部长孙洪伊免职,连带国务院秘书长徐世铮、总统府秘书长丁世峄(与孙洪伊同一派系)去职而告终。②有学者以内务部长孙洪伊与总理段祺瑞(及段的亲信徐树铮)的矛盾,来解读当时的内务部改组诉讼案,侧重于研究平政院审判背后的政治背景。③但是本文更关注的不是内务部与交通部停职案中的政治斗争,而是考察在民国初年幼稚的政党政治之下,如何能够避免美国建国早期那种伴随政党轮替的文官职位的政党分赃问题。内政部(也包括交通部)停职案行政裁判生效的首要法律意义,在于平政院对于文官保障案件管辖权的确立;以此案为判决先例,上述孙洪伊提出的三项质疑至此不再存疑,之后在事实上也没有当事人再针对平政院的管辖权提起抗辩。从这个角度来说,不是平政院做了政治斗争中的棋子,而是政治斗争的最终结果在客观上帮了平政院的忙,树立了平政院的权威、确立了其管辖权。

---

① 参见黄源盛纂辑:《平政院裁判录存》,台湾五南图书出版有限公司2007年版,第920页。

② 参见丁中江:《北洋军阀史话》(第2册),商务印书馆2012年版,第319—322页。

③ 参见张淑娟:《徐世昌与1916年内阁风潮案的解决》,《史学月刊》2007年第4期。

（二）不当处分的实质审查

1916年交通部与内务部处分案之后，北洋政府各部政党分赃式的大改组似乎未再发生；不过在官署的日常行政中，行政长官仍不时会恣意将职业文官免职。而平政院面对这样的案件，也会对具体处分的事由进行实质审查，以保障受处分文官的法定权益。具体案件有下列四例：

内务部土木司司长陈某被内务部长以"擅离职守"呈请大总统免职。经平政院审查，陈某乃是因为生病请假，有其提交给内务部的请假单与医生证明为证。而内务部称"对于此案因无卷可辑，无从答辩"，平政院根据平政院审判规则与内务部提交的关于陈某请假的部分证据，认为无须被告答辩即可作出判决，"内务部呈请将该原告免职之处分，殊与法令有违，应予取消"。[①]

原告黎某是农商部署技士，农商部以黎某在国务院秘书厅兼职为由，免去其署理之技士职务。经平政院查明，黎鸿业只是经甄选拥有在国务院任职的资格，事实上并未在国务院工作（"未批薪水，亦未派有职务"）。故而平政院裁定，"因该员兼有其他官厅职务而免其技士，事实殊欠确当"；"被告官署之处分应予变更，自应仍准原告呈请回部任职"。[②]

原告徐某为交通部佥事，无故"奉部令免职""另候任用"。经平政院审理查明，"本案免官之处分既无任何理由，并不依据法

[①] 参见黄源盛纂辑：《平政院裁判录存》，台湾五南图书出版有限公司2007年版，第951—954页。

[②] 参见黄源盛纂辑：《平政院裁判录存》，台湾五南图书出版有限公司2007年版，第955—957页。

律,殊欠公允","且于免官后已历一年之久,尚未派有他项职务,是部令另候任用一语,亦仅托诸空言",故对于其处分"应予取消"。① 在本案判决书中,平政院除审查实体问题外,还强调了应依法定程序办理惩戒。

1922年,由于国会与王宠惠"好人内阁"的冲突,财政部部长罗文干被冤枉下狱。在检察机关将罗文干无罪释放后,众议院居然又通过重新查办罗文干的决议,并要求查办之前释放罗文干的检察官,罗文干再次入狱。② 在罗文干案发生后,东省特别区域高等审判厅厅长李某"见当局显违法律,故电陈所见,冀促当局自行纠正";而司法部认为李某以法官身份"干预政事",违反了职业伦理,呈请将其署理厅长职务免去。李某不服,提起行政诉讼。经平政院查明,"原告迭次电陈,虽语出过激,惟既先奉宥电之咨询,始有勘电之陈述";至于被告司法部在答辩中所称原告在任上"督帅无方""难资得力",故应免职,"查本案公布免职原因,仅称职务外干预政治,并未声明人地不宜及难资得力等情事,后殊难藉此辩护"。故裁判"司法部之处分取消之"。③ 由于当事人为法官,严格来说本案所涉及的并非单纯文官职务保障问题,但当事人除法官外还有审判厅厅长的行政职务,更何况作出处分的机关为行政部门(司法部),由平政院予以救济应该说是比较恰当的。

---

① 参见黄源盛纂辑:《平政院裁判录存》,台湾五南图书出版有限公司2007年版,第984—991页。
② 参见丁中江:《北洋军阀史话》(第4册),商务印书馆2012年版,第16—28页。京师地方审判厅最终经过审理,宣告罗文干无罪。
③ 参见黄源盛纂辑:《平政院裁判录存》,台湾五南图书出版有限公司2007年版,第955—957页。

（三）正当惩戒程序的司法保障

在上述平政院作出判决书的 10 个涉及文官处分的案件中，作出处分的机关首长均未将当事人提交文官惩戒委员会惩戒，而是自行作出处分决定；或未经惩戒委员会审查，自作主张呈请大总统等有权机关发表免职等处分令。这意味着在文官处分实务中，各机关长官可能经常违反法定程序，越权作出处分决定，并规避文官惩戒委员会的审查。例如长官往往用"停职"来代替"免职"，并声称这不是惩戒，故而不需由文官惩戒委员会决定。在 1916 年的交通部与内务部不当处分裁判书中，平政院只是指出交通部与内务部未经大总统批准，越权将官员停职，并未提及法定的文官惩戒程序问题。而平政院在 1923 年作出的三个判决书与 1926 年作出的一个裁决书中，则特别强调了文官处分的正当程序问题。这四个案例中，被处分人可能有一定的过失，但是官署在进行处分时也都存在程序瑕疵；平政院在审理这类典型案件时，侧重于审查作出处分机关的程序瑕疵，至于在实体上该处分是否有理则在所不问。在审判中对于正当惩戒程序的坚持，在客观上有利于引导各政府机关依法处分文官，也有利于树立文官惩戒委员会的权威。从这个意义上讲，平政院介入文官惩戒案件，并非与文官惩戒委员会竞争管辖权，反而有助于文官惩戒委员会管辖权的落实。

平政院于 1923 年 9 月作出判决的案件，可谓文官惩戒正当程序保障第一案。在本案中，农商部司长黄某起诉农商部无故将其呈请免职。对此，农商部的答辩理由有三：其一，"该员系另有任用"，并非"无故免职"；其二，将该员免职，乃是因为风闻其有渎职舞弊问题，"惟才尚可用，故拟改为外任，以资保全"；其三，在将该员免职后，发现其确有舞弊情事。对此，平政院强调："事未彻查，难明真相，惟本院受理案件只限于行政诉讼范围，其他事项非本院职权所及，而官吏任免原有一定法律可循，则本案先决问题应以该原告当时之免职是否合法为断。"哪怕已查实黄某舞弊，那也应当交由惩戒委员会惩戒，更何况农商部在作出处分前并未查实。至于农商部"所谓另有任用者"，"实只托诸空言，殊不足以资折服"。"免职既未经过法定程序，原处分当然失效"，"应予取消"。在本判决书中，平政院明确指出农商部所谓"另有任用"的免职乃是规避正当惩戒程序的空头支票；并且强调纵使官员在处分后发现确实有法定免职理由，也不能正当化之前的处分行为；最重要的是，平政院强调惩戒决定应由文官惩戒委员会作出，官署若查明其官员有渎职舞弊行为，应"呈请交付惩戒，或予以免职，或竟超过免职之程度，均由惩戒会依法解决，方足以饬官纪而崇法治"。①

1926年2月，航空署技士陈某以"办事轻率"为由被免职，为此陈某诉诸司法救济。平政院取消了航空署违反法定程序的处分，其理由是依据《文官惩戒法草案》第14条："委任官，各该长官认为有应付惩戒之行为时，须组织惩戒委员会审查之。"平政院特别强调："文官免职本有一定法规可资依据，纵谓长官有进退属员之权，亦必依法而行，始足以折服其心。倘程序不备，则受处分者虽咎有应得，难免不藉为口实讼争不已。"② 同年，蒙藏院官

---

① 参见黄源盛纂辑：《平政院裁判录存》，台湾五南图书出版有限公司2007年版，第963—969页。
② 黄源盛纂辑：《平政院裁判录存》，台湾五南图书出版有限公司2007年版，第971—973页。

员四人向平政院起诉,声称蒙藏院呈请免职之处分违法;平政院再次于判决书中强调交付文官惩戒委员会议决乃法定的必经程序,蒙藏院未经交付惩戒不得径行呈请免职。①

1926年发生的周树人(鲁迅)诉教育部案,可谓轰动一时的案件。鲁迅时任教育部佥事,同时兼任国立女子师范大学教员。当时教育部停办女子师范大学,引发学生抗议活动;鲁迅作为教育部官员,被认为有"勾结学生""反抗部令"的行为,因此被教育部总长章士钊径行呈请免职。当时章士钊身兼教育部与司法部总长,得到总理段祺瑞的支持;而鲁迅以教育部部员公然对抗本部行政命令,事实上违反了文官中立的原则,依法应受处分。但周树人抓住了将其免职的处分与法定程序不合的漏洞,最终在行政诉讼中胜诉。②平政院判决:"被告停办国立女师大学,原告兼任该校教员是否确有反抗部令情事,被告未能证明,纵使属实,涉及文官惩戒条例规定范围,自应交付惩戒,由该委员会依法议决处分,方为合法。被告遽行呈请免职,确与现行法令程序不符。"至于被告辩称的"原拟循例交付惩戒,其时情形严重,若不采用行政处分,深恐群相效尤",平政院认为:"原告果有反抗部令嫌疑,先行将原告停职或依法交付惩戒已足示儆,何患群相效尤,又何至迫不及待,必须采用非常处分?"故裁决"被告呈请免职之处分属违法,应予取消"。③

---

① 参见黄源盛纂辑:《平政院裁判录存》,台湾五南图书出版有限公司2007年版,第975—977页。
② 参见黄源盛:《平政院裁判书整编与探讨》,载黄源盛:《民初大理院与裁判》,台湾元照出版有限公司2011年版,第385页。
③ 参见黄源盛纂辑:《平政院裁判录存》,台湾五南图书出版有限公司2007年版,第995—998页。

四、小结

民国草创，中国虽然引入了西方的文官独立与身份保障制度，但由于政局动荡、立法粗糙，加之政党政治的幼稚与军阀的专横，政府文官体系的专业性与稳定性均遭遇严峻的威胁。平政院以其脆弱的法理基础，居然卷入政治风暴的中心，积极受理涉及文官保障的行政诉讼，并毅然宣告内务部与交通部文官的大改组与大换血行为违法，对其处分予以变更或撤销。由此，通过判例（而非立法），平政院在政治上与法律上确立了其管辖权，并在第一时间消除了政党分赃的隐患。

平政院判决对于文官惩戒委员会的成功运作，亦有莫大之助力。从表面上看，平政院与文官惩戒委员会并立，经由平政院裁决的文官保障案件大都未经过文官惩戒委员会的处分，似乎行政诉讼与文官惩戒程序存在竞争关系。但一方面，平政院仅审理重大的身份保障（特别是免职与所谓的"停职"）案件，至于一般的文官行政处分，平政院并不干预；更重要的是，平政院在若干裁判中反复强调，文官处分必须由惩戒委员会作出，方符合正当程序的要求，这在事实上有助于树立文官惩戒委员会的权威。

虽然平政院受理并作出裁判的案件总体来说非常少，其中涉及文官保障的案件平均下来一年不到一例。但平政院通过对于典型文官处分案件的实体正义与程序合法性的审查，保障了文官的合法权益，并通过判例确立了文官保障法制的标准，弥补了相关立法的浅陋。与"准司法机关"文官惩戒委员会所作出的大量惩戒决定相较，平政院的司法裁判作为"关键的少数"，对于整个文官保障制度的实践同样起到了不可替代的作用。

第三章　公务员惩戒的司法化及其界限：公务员惩戒委员会体制研究

政府的良好运作，必须仰赖奉公守法、勤政爱民的公务人员；而国家为了约束公务员，也必然会制订一套惩戒与考核制度。依据传统行政法学理论，和国家与人民间的一般权力关系不同，国家与公务员之间的身份关系更特别：一般权力关系中公权力的行使必须受到法治主义（如法律保留与法院审查机制）的约束；而特别权力关系则承认官署（长官）对于下属公务员的高度支配权，官署可以自定管理规则，对公务员予以惩戒，不适用法律保留原则，受惩戒公务员通常也不能依据一般公民的行政救济方式提起行政诉讼。传统特别权力关系理论源于德国，据说其承自封建时代领主与家臣之间的特殊身份关系，此一特殊身份关系在19世纪普鲁士建立君主立宪体制之后，便发展成为公务员对于国家的忠实、服从关系。它严格区别于私法上的平等契约关系，其核心在于加强行政主体之优越地位，特别强调公务员与国家地位的不平等，加重了公务员一方的义务。[①]

[①] 特别权力关系理论参见翁岳生：《论特别权力关系之新趋势》，载氏著：《行政法与现代法治国家》，台湾大学法学丛书编辑委员会1990年版，第131—132页。

特别权力关系理论有利于提升政府人事管理的灵活性与效率，却鼓励了长官的恣意与专断，牺牲了公务员个人的权益与身份保障，从长期看这可能并不利于维系公务员群体的稳定与高水平，也不利于法治政府的建立。我国相关立法虽然没有直接继受德国特别权力关系理论，但就法制现状而言则与之殊途同归。1989年《行政诉讼法》规定行政机关对行政机关工作人员的奖惩、任免等决定，法院不予受理；而2006年施行的《公务员法》也仅规定公务员对于惩戒处分可以在行政体系内提起复核与申诉，未赋予受惩戒公务员寻求司法救济的权利。对此，有学者认为应完善我国公务员惩戒机制，将公务员惩戒纳入行政诉讼的范围，以保障公务员的权益。① 但是，2014年新修改《行政诉讼法》对上述规定并未作出任何更动。在此法制背景下，比较各国公务员惩戒、救济机制，以历史与比较法的双重视角重新审视民国时期公务员惩戒委员会体制的经验，在行政诉讼之外探寻行政主导与司法救济的中间道路，或许对于我们当下制度的完善能提供一点建设性的参考。

一、域外公务员惩戒的理论与实践

（一）惩戒法院：公务员惩戒司法化的"急先锋"

尽管德国是特别权力关系理论的"始作俑者"，但考诸德国近代法制史，特别关系理论自始就不是绝对的，反而是德国在19世

---

① 参见徐冰、黄志军：《论对公务员惩戒的法律救济》，《法制与社会》2006年第24期。

纪中叶即率先设立了惩戒法庭，开创了专门司法机关主导较重之公务员惩戒的先河。在 21 世纪初，德国又废除了历时长达一个半世纪的惩戒法院，将较重之公务员惩戒划归一般行政法院管辖。

　　早在君主立宪时期，就有立法防止上级长官恣意惩戒，为下级公务人员提供一定程度的身份保障；而现代德国公务员惩戒机制，则蕴含浓厚的公务员权利保障色彩。1852 年普鲁士颁布了《公务员惩戒法》，"为防止主管长官对属官的恣意免职，该法即规定，凡对公务员身份影响之处分如降职、撤职之处分，概由惩戒法庭为之"。① 该法设置了专司惩戒的法庭（法院），开启了德国由职务长官实施的惩戒处分及由法院实施的惩戒处分并行的惩戒机制：较轻的惩戒处分（如申诫、罚款）属于职务长官及其主管机关的权限，其性质为行政处分；较重的惩戒处分（如撤职）则须将被付惩戒人交由惩戒法院作出裁决（当然惩戒法院也可作出较轻之惩戒裁决），其性质为司法处分；对于职务长官及其主管机关所为之轻微惩戒，公务员如有不服可提起复议，如对复议决定还不服则可向惩戒法院申请裁判。这一传统为魏玛时代的《帝国勤务刑罚法》与二战后的《联邦惩戒令》所承袭。

　　德国在魏玛宪法时代已经对特别权力关系理论予以重大修正。魏玛宪法第 129 条规定了公务员惩戒的法律保留原则与司法救济的途径："官吏之任用，除法律有特别规定外，皆为终身职。……官吏之既得权利，不得侵害。关于金钱上之权利，得向法院起诉。惟依法律规定及程序，始得将官吏暂行免职、停职或退职，或降任于薪俸较低之他职。官吏职务上之惩罚判决，得上诉可能时，

---

① 参见蔡震荣：《德国惩戒制度之介绍》，载"司法院行政诉讼及惩戒厅"编：《公务员惩戒制度相关论文汇编》，"司法院"2004 年版，第 536 页。

应予再审。"① 在联邦的体制下,魏玛时期各邦立法以概括条款规定诉讼标的,使得行政法院在魏玛宪法规定的诉讼标的("金钱上之权利")以外,也可对非财产争议(如免职、降职、调任)予以实体上的审查与救济。② 德国在二战之后,有学者抨击特别权力关系的存在破坏了法治国原则,使得《基本法》对于宪法基本权利的保障出现重大漏洞,传统特别权力关系理论也面临重大挑战与修正。

在立法者看来,公务员惩戒机制具有双重目的。其一,促使公务员恪尽职守,矫正其不当行为,当其行为无法矫正时则改变其公务员的身份,以维系公务员体系之秩序及整体性;其二,对于公务员提供保障机制,"仅得在公务员严重违反义务之理由(严重失职)下,可对公务员处分身份上及财产上之惩戒,并须经由一个正式的惩戒程序,以及司法程序始得为之"。③ 对应联邦惩戒法院,德国还设立了联邦惩戒检察官。根据法律规定,公务员的职务长官于知悉公务员有失职嫌疑时,应进行调查;经过调查如确认公务员确有失职行为,但情节尚属轻微,则对其予以申诫或罚款处分,并将书面处分决定送达被惩戒人及联邦惩戒检察官。若职务长官认为部署失职情节严重,应予处罚超越其权限范围,则呈请正式程序之发动机关(主管官署)批准,再经由惩戒检察官向惩戒法院起诉,启动正式惩戒程序。惩戒法院将起诉文书副本发给被付惩戒人,要求其作出书面答辩,之后法庭通知被付惩

---

① 魏玛宪法条文参见[德]卡尔·施米特:《宪法学说》,刘峰译,上海人民出版社 2005 年版,第 431 页。
② 参见廖经伦:《我国公务员惩戒制度之研究》,台湾铭传大学硕士论文,2003 年,第 12 页。
③ 参见蔡震荣:《德国惩戒制度之介绍》,载"司法院行政诉讼及惩戒厅"编:《公务员惩戒制度相关论文汇编》,台湾"司法院"2004 年版,第 538 页。

戒人、主管机关代表、惩戒检察官等到庭参与法庭调查与言辞辩论，再由法庭作出判决。需要特别强调的是，惩戒案件之审判不公开。联邦惩戒法院之法庭由审判长与两名兼任陪审员组成，审判长为专任法官；两名陪审员中一名陪审员须具备法官职位之资格或者满足法官法之规定要件，另一名陪审员则应与被付惩戒公务员职位相当，并尽可能与其隶属于同一行政机关。被付惩戒人如不服联邦惩戒法院之判决，可向联邦行政法院惩戒庭提起上诉；联邦惩戒检察官亦得依行政官署之要求提起上诉。①

2002年德国《联邦惩戒法》生效，它在一定意义上可以说是终结了基于特别权力关系的惩戒法制传统。该法废除了惩戒法院与惩戒检察官制度，惩戒制度采用一般行政诉讼程序（准用《行政诉讼法》之规定）；对于一般失职行为的轻微惩戒由主管长官决定；对于重大失职行为则由主管长官向行政法院提起惩戒之诉，由地区行政法庭一审、邦高等行政法院二审、联邦行政法院终审（法律审）。②

（二）委员会制：公务员惩戒的"准司法化"

考察各国惩戒制度，像德国一样，较重之公务员惩戒直接由司法机关作出者并不多；但在主管长官之外设立相对独立的委员会，以处理公务员惩戒或申诉事宜，并提供司法救济途径，却是

---

① 参见《德国联邦公务员惩戒法》（1991年修正公布），载林月娥：《公务员惩戒制度之研究》，"司法院秘书处"1996年版，第266—283页。

② 参见蔡震荣：《德国惩戒制度之介绍》，载"司法院行政诉讼及惩戒厅"编：《公务员惩戒制度相关论文汇编》，"司法院"2004年版，第549页。

各国普遍的做法：①（1）英国轻微惩戒权（如警告、申诫）属于直属长官，至于较重之惩戒，则由设于中央各部会机关之惩戒委员会调查并作成结论，呈请机关首长作出惩戒决定；公务员如不服其长官或惩戒委员会之惩戒决定，可向文官申诉委员会（Civil Service Appeal Board）申诉；对于文官申诉委员会的裁定如仍不服，则可向实业法庭（Industrial Tribunal）提起上诉。（2）美国基于在效果上类似于德国特别权力关系理论的"特权原则"（Privilege doctrine），将公务员与国家之关系类比为雇佣关系（主仆关系），赋予行政首长充分之惩戒权。公务员如不服主管长官之惩戒决定可向上级机关之提出复议申请；如不服复议决定，可向独立的功绩制度保障委员会申诉，在申诉程序中，公务员可以要求进行听证。如一方或双方不服功绩制度保障委员会之决定，则可向联邦上诉法院提起上诉；如其案情与薪俸有关，则应向权益讼争法院（The Court of Claims）提起上诉。但基于上述"主仆关系"下之首长"特权原则"，除法律有明确规定之外，法院通常都会尊重机关首长之惩戒权，很少推翻其惩戒决定。（3）法国公务员惩戒权属于有任命权之主管机关，但除轻微处分（警告或申诫）外，主管机关必须征询惩戒委员会之意见，方能最后作出惩戒决定。被付惩戒之公务员如不服，可提起申诉，由国家最高公务员谘议会所设之申诉委员会（Commission de recours）受理；该委员会成员包括"人事管理咨询委员会"的部分成员、和被付惩戒人同等级及高一等级的公务员。该公务员对于申诉委员会的决定如

---

① 各国制度参见柯庆贤：《公务员弹劾惩戒惩处之理论与实务》，"司法院"2002年版，第49—161页；《德国联邦公务员惩戒法》（1991年修正公布），载林月娥：《公务员惩戒制度之研究》，"司法院秘书处"1996年版，第64—90页。

仍不服，可以提起行政诉讼。（4）日本在二战前，依宪法"官制大权"与"任官大权"属于天皇，公务员之经济权利与身份保障在性质上属于天皇之恩赐，故而与现代公务员享有之保障权利相去甚远。二战后，公务员惩戒权属于有任命权之主管机关首长和人事院；人事院为设于内阁下之行政委员会，为中央人事机关之一，具有高度独立性与广泛的权力，它可直接对全国公务员行使惩戒权，同时为全国公务员惩戒之"复审机关"。受处分之公务员对其惩戒决定不服，可向人事院请求审查或声明异议；该公务员若提出请求，复审应举行言辞辩论。人事院作出复审裁定后，若该公务员仍不服，可依《行政诉讼法》之规定向法院提起撤销诉讼，以求救济。

比较德国2002年以前的司法惩戒体制与其他国家委员会惩戒（救济）体制，仍可发现其中的共性：其一，作出惩戒（或复议）决定的为一个相对独立于公务员主管机关的机构，其行使职权方式为合议制；其二，尽管复议的程序与司法审判程序有所不同，但仍包含了法庭调查的某些元素，如言辞辩论；其三，德国2002年惩戒体制改革之前的惩戒法院，其法庭的组成包含了两名公务员身份的非职业法官，其中还包括与被付惩戒公务员背景、身份相近者，这在一定程度上与委员会的体制有类似之处。[①] 我们由此或者也可以把德国的惩戒法院与其他国家的申诉委员会均归类为

---

① 在德国法院系统中，其法庭组成包括非职业法官的还有劳动法院与社会法院。以劳动法院为例，合议庭中除职业法官外，还包括分别从工人和雇主中遴选的非职业法官，以代表劳资双方的立场。（参见［德］罗伯特·霍恩等：《德国民商法导论》，楚建译，中国大百科全书出版社1996年版，第34—35页。）

准司法机关（类司法机关）。

在我国近代法制史上，也设有定位为准司法机关的公务员惩戒机构，它的组织方式和名称是公务员惩戒委员会，却长期隶属于司法机关体系之下，兼具委员会与法院双重特性，其宗旨是"寓公务员保障于惩戒之中"。

二、近代中国公务员惩戒机关的建立与变迁

（一）民国北京政府时期：委员会惩戒与司法惩戒双轨并行

1. 文官惩戒委员会的创设

1913年1月，民国政府公布《文官惩戒委员会编制法草案》①，规定文官惩戒委员会分为高等文官惩戒委员会与普通文官惩戒委员会。高等惩戒委员会于中央设一所，每省各设一所，掌理简任官及荐任官惩戒事宜；普通文官惩戒委员会设于中央和地方各官署，掌理属下委任官惩戒事宜。②起初，各类文官惩戒委员会均非常设机构，而是在惩戒事件发生时，选派法官和文官临时组织之。1914年1月《文官惩戒委员会编制令》颁布后，中央高等文官惩

---

① 在1918年《文官惩戒条例》正式公布前，北京政府以命令形式声明暂行适用该草案办理公务员惩戒事宜。

② 民国官等制度，除特任官（高级政务官，如总理、部长）外，一般文官从高到低依次分为三类九等：简任官（1—2等）、荐任官（3—5等）、委任官（6—9等）。特任、简任官由大总统特令或简任之，荐任官由其所属之中央部院或地方省府长官呈请大总统任命之，委任官由其直辖长官任命。（参见钱端升等：《民国政制史》（上册），上海世纪出版集团、上海人民出版社2008年版，第37—38页。）

戒委员会改为常设机关，并规定中央高等文官惩戒委员会设委员长 1 人，由大总统遴选大理院院长或平政院院长担任；委员 10 人，由国务总理于大总统顾问、大理院推事、平政院评事以及其他四等以上兼任文官中开列，呈请大总统选派组织之，任期三年。[①] 从中央文官惩戒委员会委员长为司法机关（大理院或平政院）首长，其委员也包括部分法官来看，近代中国公务员惩戒机关自始即蕴含司法组织的因子。

2. 司法惩戒的试行

1914 年 3 月《平政院编制令》颁布后，民国北京政府公务员惩戒机制进入委员会惩戒与（平政院）司法惩戒并立时期。在一定意义上，平政院并非纯粹的司法机关，它直接隶属于大总统，负责审理行政官吏之违法不当行为，与行政权"似离又即"。[②] 平政院是"中西合璧"的产物，它结合了古代中国独立监察机关（御史台）的传统与欧陆行政诉讼的制度。平政院组成人员包括 1 名院长，负责指挥、监督全院事务；评事 15 人，负责审理行政诉讼和纠弹案件。平政院内设有独立行使职权的肃政厅[③]，其长官为都肃政史，有肃政史编制 16 名，掌官吏纠弹。平政院由评事 5 人组成合议庭审判，审理行政诉讼或肃政史提出的纠弹案；肃政史则依法提起行政诉讼、纠弹官员违法失职、监督平政院判决。在纠弹案件中，肃政厅与行政法院的关系类似于德国惩戒检察官与

[①] 参见"司法院史实纪要委员会"编:《司法院史实纪要》(第 2 册)，"司法院" 1985 年版，第 1499 页。

[②] 参见黄源盛:《平政院裁决书整编与初探》，载氏著:《民初法律变迁与裁判》，台湾政治大学法学丛书编辑委员会 2000 年版，第 144 页。

[③] "肃政"之名可追溯到后周的"肃政台"（即御史台）。

惩戒法院的关系。肃政史依据《纠弹条例》纠弹行政官员之"违反宪法、行贿受贿、滥用权威、玩视民瘼事件",平政院对肃政史提起的纠弹案行使审判权,决定受纠弹官员之惩戒;除纠弹案外,"官吏之一般违背职守、玷污身份、丧失信用事件,仍使用文官惩戒法草案,分由高等文官或普通文官惩戒委员会掌理"。①

(二)广州国民政府时期:纠弹机关与惩戒机关的分立与合并

袁世凯执政时期所设置之肃政厅被认为是封建帝制下御史台之延续,1916年袁氏帝制失败,接任总统的黎元洪明令恢复民元约法旧制,同年6月29日,贴有袁记标签的肃政厅被裁撤,《纠弹法》被废止,监察权回归国会,平政院失去察理纠弹权,成为单纯的行政裁判机关,惩戒权则专由文官惩戒委员会掌理。②孙中山尽管与袁世凯在政见上针锋相对,但他同样认为独立的监察权(御史台)为中国之优良传统。在孙中山五权宪法思想中,更将监察院作为与西方范式下三权并立的中央权力机关之一。受孙中山宪法思想影响,国民政府创设了独立的监察院,而公务员惩戒事务也从此与监察院息息相关。根据孙中山先生的宪法思想,监察院有弹劾大小官吏之权,而审理纠弹与决定惩戒的则是民意机关——国民大会。由于国民大会存在人数众多、召集不易、议事效率较低的问题,在公务员惩戒的制度与实务上,国民政府自

---

① 《德国联邦公务员惩戒法》(1991年修正公布),载林月娥:《公务员惩戒制度之研究》,"司法院秘书处"1996年版,第8页。
② 参见"监察院实录编辑委员会"编:《国民政府监察院实录》(第1册),"监察院"1981年版,第27页。

始即放弃了孙中山先生的构想，反而在一定程度上沿袭了民国北京政府文官惩戒委员会（或者说是将惩戒委员会与平政院合一）的体制。

广州国民政府于 1925 年 1 月 23 日与 2 月 17 日先后公布《惩吏院组织法》《惩治官吏法》，设惩吏院掌理公务员惩戒事宜。监察院认为官吏应付惩戒，应声明理由并连同证据交付惩吏院处理；上级长官对所属官吏，如认为应付惩戒，则将相关文书及证据交付监察院，请求其咨送惩吏院惩戒。惩吏院设立不久，1925 年 5 月 4 日国民政府即裁撤惩吏院并将其职权划交审政院；为节约经费，除委员外，审政院职员均由监察院职员兼任。1925 年 10 月 4 日，国民政府又裁撤审政院，监察院除监察权外，兼掌公务员惩戒事宜，纠弹权（惩戒检察权）与惩戒权（惩戒裁判权）合一。①

（三）南京国民政府"训政时期"：弹劾、惩戒两权并立与各类公务员惩戒委员会分立

1928 年 10 月 8 日，国民政府颁布《国民政府组织法》，该法规定，"司法院为国民政府最高司法机关，掌理司法审判、司法行政、官吏惩戒及行政审判之职权"；"监察院为国民政府最高监察机关，依法律行使下列职权：一、弹劾，二、审计"。② 据此，公务员之弹劾权与惩戒权由监察院与司法院分别掌理。根据 1928 年

---

① 参见《德国联邦公务员惩戒法》（1991 年修正公布），载林月娥：《公务员惩戒制度之研究》，"司法院秘书处" 1996 年版，第 10—11 页。

② 夏新华等整理：《近代中国宪政历程：史料荟萃》，中国政法大学出版社 2004 年版，第 788 页。

11月修正《司法院组织法》第1条,"司法院以下列机关组织之:一、司法行政部;二、最高法院;三、行政法院;四、公务员惩戒委员会"。①1931年6月8日,《公务员惩戒法》与《公务员惩戒委员会组织法》公布,各类公务员惩戒委员会据此成立,开始行使公务员惩戒权。《公务员惩戒法》与《公务员惩戒委员会组织法》均经历数次修正,在这里就不一一列举。

1. 惩戒方式

依《公务员惩戒法》第3条,惩戒的方式由重到轻依次为:(1)免职,(2)降级,(3)减俸,(4)记过,(5)申诫。考虑到政务官的体面及任职特点,《公务员惩戒法》第3条同时规定,以上第(2)—(4)款处分不适用于选任政务官及立法委员、监察委员,第(2)款降级处分不适用于特任、特派之政务官。②

2. 惩戒机关③

根据官员身份与惩戒轻重之不同,"训政"时期的惩戒机关也有所区别:

(1)司法院所辖公务员惩戒委员会:掌理政务官、军官之外一般文官的惩戒事宜,分为两级:其一,中央公务员惩戒委员

---

① 夏新华等整理:《近代中国宪政历程:史料荟萃》,中国政法大学出版社2004年版,第857页。1928年10月《司法院组织法》将司法院之公务员惩戒机关命名为"官吏惩戒委员会",但旋即于11月修正法案中更名为"公务员惩戒委员会"。
② 参见中国第二历史档案馆编:《国民党政府政治制度档案史料选编》(下册),安徽教育出版社1994年版,第28页。
③ 《公务员惩戒委员会组织法》及其历次修正案、《政务官惩戒委员会处务规程》《军事长官惩戒委员会处务规程》等相关法条参见"司法院史实纪要编辑委员会"编:《司法院史实纪要》(第2册),"司法院"1985年版,第1521—1532页。

会，掌理全国荐任职以上之公务员及中央各官署委任职公务员之惩戒事宜。设委员长1人，特任；委员11—17人（后修正为9—11人），简任。训政时期中央惩戒委员会委员长多由司法院副院长兼任；担任委员之资格，应年满30岁，于政治法律由深切之研究，任荐任官2年以上或荐任官5年以上，或对党国有特殊勋劳或致力革命10年以上；委员中应有6—9人（后修正为3—5人）是曾担任简任法官者。其二，地方公务员惩戒委员会，分设于各省及直隶于行政院之市，掌理各省、市委任职公务员之惩戒事宜；首都所在城市不设地方公务员惩戒委员会，由中央公务员惩戒委员会兼理该市委任职公务员惩戒事宜。与中央公务员惩戒委员会不同的是，地方公务员惩戒委员会并非常设机构，其委员长由省高等法院院长兼任；委员7—11人（后修正为7—9人），由6—9名（后修正为3—5人）高等法院庭长或推事，以及省政府厅处现任荐任职公务员组成；委员会之行政人员，则由委员长从法院调派职员充任。中央、地方两级公务员惩戒委员会均隶属于司法院，而观其组织，法官亦占有相当比重，委员长也由司法机关首长担任，可说是准司法机关。

（2）其他特殊官员之惩戒委员会：其一，国民党中央党部监察委员会，掌理惩戒选任政务官。所谓"选任政务官"，指由国民党中央委员会选举产生之国民政府委员及五院正、副院长。其二，国民政府政务官惩戒委员会，掌理其他政务官惩戒事宜。这类政务官是指选任政务官外其他须经国民党中央政治会议议决任命之高级官员，包括各部会首长、委员会委员长、各省省政府主席及厅长、各特别市市长、驻外大使、特使、公使及特任特派官吏；立法委员、监察委员在训政时期也均非选举产生，均为派任，故而视同为此类官吏。根据1932年12月《政务官惩戒委员会处务规程》，该委员会由国民政府委员[①]中推定7—9人组织之。其三，军事长官惩戒委员会，根据1933年10月《军事长官惩戒委员会处务规程》，该惩戒委员会设于国民政府军事委员会，职司审议军事长官弹劾案件。

（3）主管长官：依《公务员惩戒法》第12条，荐任职以下公务员之轻微惩戒，如记过、申诫，则迳由其长官决定。[②]

3. 惩戒程序

依据《公务员惩戒法》[③]，惩戒案由有权机关送交惩戒委员会审议，监察院为惩戒案的一般送惩机关，官署长官对于低阶官员有选择直接送惩之权力。公务员如有违法、废弛职务或其他失职行为（第2条），应由监察院予以弹劾，并将弹劾案连同证据移送有权惩戒机关；同一惩戒事件，被弹劾者不止一人，因其身份差异而属于不同惩戒机关者，应移送官职较高者之惩戒委员会合并审议（第10条）。各院、部、会长官或地方最高行政长官认为所属公务员有上述违法、废职或失职行为，应备文声叙理由，连同证据送请监察院审查之后交由惩戒机关审议；但长官对于所属荐任职以下公务员，得不经监察院直接送公务员惩戒委员会审议（第11条）。惩戒机关于必要时可指定职员对惩戒事件进行再调查，或委托行政或司法官署予以调查（第13、14条）。惩戒机关应将有

---

① 国民政府委员均为选任政务官，如五院院长等。
② 参见中国第二历史档案馆编：《国民党政府政治制度档案史料选编》（下册），安徽教育出版社1994年版，第29页。
③ 参见中国第二历史档案馆编：《国民党政府政治制度档案史料选编》，（下册），安徽教育出版社1994年版，第27—30页。

权机关提请惩戒的文书抄送被惩戒人，并要求其按期作出答辩；于必要时，还可命其到场质询（第15条）。惩戒机关之议决，须经出席委员过半数同意（第20条）。

我们将南京国民政府公务员惩戒机关（特别是司法院下的公务员惩戒委员会）的组织、程序与前述德国惩戒法院（惩戒检察官）的体制相对照，可发现很多类似的地方；监察院的机构设置与惩戒检察官虽然有较大的不同，但在功能上仍有相近之处。一般的说法是，近代中国的法律与司法体系直接习自日本、间接取自德国；就近代中国公务员惩戒制度而言，或者可修正为直接习自欧陆之德法，且偏重于德国的司法惩戒体制。

（四）1947年中华民国宪法颁布后：公务员惩戒委员会一元化与进一步司法化

在20世纪三四十年代民国宪法的拟定过程中，公务员惩戒委员会的归属曾发生重大变化。1936年中华民国宪法草案（"五五宪草"）将公务员惩戒排除在司法院职权之外，一般公务员的惩戒权由监察院管辖，政务官如总统及立法、行政、司法、考试四院院长、副院长、立法委员、监察委员的弹劾案由国民大会审理。[①] 也就是说，监察院集公务员弹劾与审查处理之权于一身。其表面的立法理由是："惩戒与弹劾相需为用，有如法院之检察与审判关

---

① "五五宪草"第32、76、87条参见夏新华等整理：《近代中国宪政历程：史料荟萃》，中国政法大学出版社2004年版，第985—988页。

系，故惩戒以归监察院掌理为宜。"① 其实，南京国民政府虽然实行检审合署，但是检察权与审判权仍然是各自独立的，检察官与法官分属不同的系统，如同民国北京政府之肃政厅高度独立于平政院，这与实行委员制的监察院兼掌弹劾与惩戒大不相同。推动弹劾、惩戒合一的实际原因，是代表监察院意见者认为，监察院职权太小，其弹劾案经各惩戒委员会审议常常有认定弹劾案不成立、放纵所送惩公务员者；故而要求自己掌理惩戒权以杜绝放纵，并维系监察院之权威。② 但是，由同一个机关同时行使弹劾（起诉）与惩戒（审判）之权，监察院便获得了不受控制的权力，所幸"五五宪草"并未实行，无法印证其弊。

1947年公布之《中华民国宪法》与《司法院组织法》仍将公务员惩戒权交由司法院所设之公务员惩戒委员会，公务员弹劾权（提请惩戒权）一般仍归于监察院。1946年制宪时，多数意见认为若依"五五宪草"，将弹劾与惩戒权赋予同一机关，"不易得到公平"；"公务员惩戒权之掌理，可归属国民大会（国父遗教），可由行政机关（纠举事件），可由立法机关（英美制度），可由司法机关（现行宪法），可由考试机关（某君意见），亦可由监察机关（"五五宪草"），可谓极错综之大观。平情而论，现制总统、副总统之弹劾，由国民大会处理，其他公务员之惩戒，则由司法院特设机构掌管，实最为允当，且与欧美民主国家之所行，原则上亦

---

① "立法院宪法草案宣传委员会"编：《中华民国宪法草案说明书》，台湾正中书局1940年版，第58页。
② 参见高一涵：《宪法上监察权的问题》，载俞仲久编：《宪法文选》，吴经熊校，上海法学编译社1936年版，第48—55页。

最相契合也"。①

根据《宪法》与《司法院组织法》，国民政府1948年4月修正公布《公务员惩戒法》与《公务员惩戒委员会组织法》。②此次修正，重大变革有二：其一，不再根据公务员身份差异将其交由不同惩戒机关审议，惩戒机关一元化。裁撤训政时期之中央监察委员会、政务官惩戒委员会、地方公务员惩戒委员会；除国民大会选举之总统、副总统与地方选举产生之立法委员、监察委员外，不论政务官、事务官，公务员惩戒权统属于司法院所辖之公务员惩戒委员会；公务员惩戒委员会不再分级，中央与地方公务员惩戒均归设于中央之一级公务员惩戒委员会管辖。法律虽未明文规定军事长官之惩戒权归属，但《公务员惩戒法》第22条规定，"惩戒机关对于惩戒事件，认为有刑事嫌疑者，应即移送该管法院或军法机关审理"，公务员惩戒委员会据此认为，依据立法本意，武官之惩戒权亦应由其掌理，并且在新组建不久即受理了数个武官惩戒案。其二，是公务员惩戒委员会组织与惩戒程序的司法化，修正《公务员惩戒委员会组织法》提高了公务员惩戒委员会委员的资格要求（或者说将其资格要求去政治化、中立化），并且要求其像普通法官一样独立审议案件。该法特别规定，"公务员惩戒委员会委员，依法审议惩戒案件，不受任何干涉"（《公务员惩戒委员会组织法》第5条）；该法删除了旧法中

---

① 参见"司法院史实纪要编辑委员会"编：《司法院史实纪要》（第2册），"司法院"1985年版，第1552—1553页。

② 以下所引《公务员惩戒法》与《公务员惩戒委员会组织法》法条参见：《国民政府公报》第3108号，1948年4月15日。

委员资格中颇有争议的"对党国有特殊勋劳或致力革命10年以上"的规定，将年龄限制由"年满30岁"提高为"年满40岁"（《公务员惩戒委员会组织法》第3条）；此次修正还删除了旧法中公务员惩戒委员会委员长、委员任期2年的规定，使得其委员获得类似于法官的任职保障。①《公务员惩戒法》还规定，"公务员惩戒委员会之回避，准用刑事诉讼法关于推事回避之规定"（《公务员惩戒法》第19条）；"惩戒机关之议决，应作成议决书，由出席委员全体签名。前项议决书，应由惩戒机关送达被付惩戒人，通知监察院及被付惩戒人所属官署，并送登国民政府公报或省市政府公报"（《公务员惩戒法》第21条）。议决书应符合法定格式，记载如下事项：被付惩戒人姓名、官职、性别、年龄、籍贯、住所，主文，事实，理由（《公务员惩戒委员会办案规则》第27条）。② 这意味惩戒程序也进一步司法化。另外，此次修正在原有的5种惩戒方式之外增加了"休职"；在惩戒对象上不再区分选任政务官与其他政务官，规定对政务官惩戒的方式仅为申诫或撤职（《公务员惩戒法》第3条）。

---

① 《中华民国宪法》第77条规定"司法院为国家最高司法机关，掌理民事、刑事、行政诉讼之审判，以及公务员之惩戒"；第80条规定"法官须超出党派之外，依据法律独立审判，不受任何干涉"。"司法大法官"后来根据以上两条规定，认为公务员惩戒委员会委员依据法律独立行使审议之职权且不受任何干涉，故而其委员应被认为是"宪法上所称之法官"，为终身职，与普通法院法官一样享有《宪法》第81条规定的特别职务保障（综理全院事务的委员长则不然）。（大法官第162号解释）

② 参见"司法院史实纪要编辑委员会"编：《司法院史实纪要》（第2册），"司法院"1985年版，第1584—1585页。

三、公务员惩戒委员会体制的问题与矛盾

(一) 五权宪法体制下的机关权限争议

在五权宪法体制下,行政院及其下辖官署对于公务人员有指挥、管理权,考试院及其所属之铨叙部对于全体公务员有包括考绩在内的人事管理权,监察院对于公务员违法、失职有调查弹劾之权,司法院所设之公务员惩戒委员会对于公务员惩戒事宜有裁决权,而立法院也常常期待能够在宪法规定之外,拥有西方宪制下之弹劾权以制约其他权力机关。关于惩戒权之归属,似乎五院均有理由声称应将惩戒权划归本院管辖:[①](1)站在行政院的立场,惩戒权源自行政监督权,自然属于行政权之范畴。直属长官最了解公务员之职务行为,赋予行政长官惩戒权,可提升行政效能与惩戒效率。比较欧美体制,英、法、美一般公务员惩戒权均属于行政机关。(2)站在考试院的立场,公务员惩戒当然属于人事权之一种,且考试院拥有考绩权,而考绩可能会带来公务员身份改变(如免职)的处分,这与惩戒法上之撤职其实没有实质的不同。根据《宪法》第88条,考试委员须超出党派之外依据法律独立行使职权,这足以保证公务员惩戒之独立公正。将惩戒权划给考试院,则"人事制度益臻健全,人事行政得以统一"。(3)站在监察院的立场,有人认为"惩戒权为监察权之内涵",弹劾与惩戒

---

① 参见柯庆贤:《公务员弹劾惩戒惩处之理论与实务》,"司法院"2002年版,第245—256页。

为"监察权行使程序上之两阶段,二者虽然性质不同,但关系极为密切,不应划分属于两机关";至于弹劾、惩戒由同一机关掌理容易造成冤枉的问题,可以参照民国初年之平政院—肃政厅的体制,惩戒权由监察院另立独立机关行使,监察委员不参与,"亦不失其独立性,即无干预审判之虞"。(4)也有人认为应由立法院组成委员会处理弹劾惩戒事务。(5)站在司法院的立场,对于公务员惩戒予以司法救济,亦是欧美普遍的潮流;至于"公务员惩戒委员会与监察院彼此意见不同,应为其优点而非缺点"。在各院对于惩戒权之归属相争不下的情况下,尊重既成事实与宪法、法律规定,惩戒权仍由司法院下设之机构掌理,自然成为"不为决定的决定"。但是,作为司法分支的公务员惩戒委员会在行使惩戒权时,难免会与行政权、考试权、监察权发生权力行使范围的重叠与职权冲突,而立法机关对于公务员惩戒委员会的制度完善(立法、修法)也未见得支持。

(二)弹劾与惩戒混同、政务官与事务官不分

依一般欧美国家(包括日本)体制,公务人员往往分为政务官与事务官两类。政务官指"参与国家政策方针之决定,并随执政政党更迭或政策改变而进退之公务员",政务官通常不须经过公务员考试,无相应任用资格限制,是通过选举或政治任命而就任,同时也因政治原因而去职,无公务员身份保障;事务官则指"依既定之政策或施政方针而执行行政任务之公务人员",事务官之任用有法定资格限制,有日常考绩,同时享有公务员身份保障

权,非因届龄退休或受撤职惩戒,不得剥夺其公务员身份。① 在西方的政治理论框架下,对于政务官与事务官的失职、违法等行为,一般适用不同的处理程序——弹劾适用于政务官,而惩戒适用于事务官,其行使主体与程序截然不同。弹劾权通常由国会行使,其程序一般为下院(众议院)弹劾、上院(参议院)审判;而事务官惩戒的机关与程序则如本章第一部分所述。弹劾制度源于英国,"因为对于国务大臣之高级官吏及审判独立之法官违法失职时,难期由法院为公正之司法裁判而使其去职,须仰赖最高民意机关之国会行使其弹劾权,透过民主罢免程序,制裁不适任之政务官,即以立法权制衡行政权及司法权之政治体制设计,以济行政监督及司法审判制度之穷。迨司法审判独立制度臻于健全,如公务员违法失职,已可信赖司法之公正裁判。而内阁制度发达后,议会则可藉法律制定权、预算议决权、质询权、提不信任案等,使内阁及高级官员负其违失责任;故英国自从 1805 年麦尔(Lord Merville)弹劾案后,即成绝响,未见行使弹劾权。其他各国对于政务官或具有独立性之法官等高级职务,相率采袭弹劾制度,惟亦鲜少行使,致形成备而不用"。②

1. 弹劾与惩戒发动机关的合一。民国肇始,仿行欧洲代议政体,弹劾权起初完全属于国会;平政院肃政厅设立后,肃政厅与国会分享弹劾权,且肃政厅弹劾权的行使对象已不再限于政务官,而扩展到事务官,此时其弹劾的概念与范围更接近于中国古代的

---

① 参见陈敏:《行政法总论》,(台北)自刊 2013 年,第 1072—1074 页。
② 参见颜秋来:《我国政务官弹劾与惩戒制度实务评析》,载"司法院行政诉讼及惩戒厅"编:《公务员惩戒制度相关论文汇编》(第 3 辑),"司法院"2008 年版,第 183—184 页。

御史台传统而非西方民意机关弹劾的体制；国民政府设立监察院后，立法机关不再拥有弹劾权，作为唯一的弹劾机关，监察院宣称其"既打老虎，又打苍蝇"，兼察政务官与事务官，弹劾与惩戒两种在西方截然两分的程序在近代中国合二为一。① 民国御史台传统的复兴与弹劾、惩戒发动机关的合一，究其原因，一方面是传统的影响；另一方面也源于民初国会政治的运转不良，国会游走于无能与恣意两极，弹劾与倒阁机制均无法发挥正常的制衡作用。

2. 弹劾案与惩戒案裁决机关的一元化。在南京国民政府时期，不仅政务官与事务官的监督机关合二为一，决定其处分的机关也渐趋一元化。在"训政时期"，如前所述，根据文官身份（选任政务官、其他政务官、事务官）的不同，分为三类惩戒委员会。根据《训政纲领》，训政期间由中国国民党全国代表大会代表民权机关（国民大会）领导国民行使政权；国民党全国代表大会闭会时，以政权托付国民党中央执行委员会执行之；治权之行政、立法、司法、考试、监察五项托付于国民政府总揽而执行之。② 此时由国民党中央、国民政府分别组成惩戒委员会掌理两类政务官惩戒，由司法院公务员惩戒委员会掌理事务官惩戒，应该说是基本符合西方政务官与事务官分别处理的范式；特别是由日常代行国大职权的国民党中央行使选任政务官的惩戒权，与欧美由国会对政务官行使弹劾、倒阁权非常接近。我们似乎可以合理推论，照此发展，近代中国将逐渐形成与欧美类似的政务官弹劾与事务官惩戒

---

① 关于近代国会监察（弹劾）与专职机关监察（弹劾）的制度变迁可参见聂鑫：《中西之间的民国监察院》，《清华法学》2009年第5期。
② 《训政纲领》条文参见夏新华等整理：《近代中国宪政历程：史料荟萃》，中国政法大学出版社2004年版，第803页。

分流的体制。可是，1947年《中华民国宪法》及相关法律颁布后，民国末期所建立的公务员惩戒体制却是高度合一的。除民意代表（立法委员、监察委员）不再列为惩戒对象，总统、副总统弹劾案由国民大会审判外，其他政务官与事务官之司法惩戒机关均为设于司法院之一级公务员惩戒委员会，弹劾案与惩戒案的裁决权高度合一。

政务官与事务官两分、弹劾与惩戒分离的政治理论基础是：政务官与事务官不同，"其就、去职乃随政党执政与否共进退，与执政者拥有唇齿相依之关系，其所负之责任，多半系属政治上之惩戒；就宪法体例与民主政治之运作，实不宜依一般法律惩戒方式为之"。① 当作为司法机关的公务员惩戒委员会审议具有一定民意基础的政务官（例如总统提名、立法院通过任命之行政院院长，或选举产生的地方首长）之惩戒事宜时，可能发生司法机关与民意的直接冲突。对于政务官的监督，诉诸民意（改选、罢免）或代议机关（弹劾）也许是更为妥当的制度安排。1947年宪法及相关法律一反训政时期的做法与欧美惯例，混同了政务官之政治责任与事务官之行政责任，将政务官纳入一元之司法惩戒范围，究其缘由，其一，制宪者对于代议机关高度不信任，不希望因代议机关弹劾或惩戒政务官而造成"政潮"；其二，在人民观感与历史传统上，将"老虎"与"苍蝇"并列，适用相同的处理程序，似乎显得更为公平；其三，或者也与五权宪法下官员弹劾监督权的一元化有直接关系。

---

① 参见颜秋来：《我国政务官弹劾与惩戒制度实务评析》，载"行政诉讼及惩戒厅"编：《公务员惩戒制度相关论文汇编》（第3辑），"司法院"2008年版，第313页。

（三）司法惩戒的规避与例外之一：行政惩处（考绩惩处）与司法惩戒双轨制

如前所述，根据法律，行政长官对于其下属的惩戒权仅限于对低阶官员（委任官）的轻微惩戒；至于对象为职务较高之官员、惩戒方式为较重之惩戒者，则必须由公务员惩戒机关作出裁决。由司法机关基本垄断公务员惩戒之决定权，这自然不为公务员所隶属的行政机关及掌理公务员人事权的考试院所乐见。在抗战时期，以非常状态下之特殊需要为由，行政院与考试院互相配合，获得了在司法惩戒之外通过行政考绩惩处公务人员的权力。

公务员考绩（考核）为行政机关考察监督公务员的重要方式。1935年7月，国民政府颁布《公务员考绩法》，规定考绩分为每年年终之年考和三年之总考（第2条）；公务员考核由其直接上级长官初核、再上级长官复核、主管长官最后复核，长官仅一级者则由该长官考核（第3条）；年考为各机关分别考核并报考试院铨叙部登记，总考由考试院铨叙部行之，考绩之标准由考试院确定（第4条）；该法所定之考绩不适用于政务官。[①]1939年12月，为提高战时行政效率，政府颁布《非常时期考绩暂行条例》。又于1943年修正并更名为《非常时期公务员考绩条例》。根据条例规定，考绩成绩根据综合评定分数分为80分以上、70分以上、60分以上、不满60分、不满50分五等；其中不满60分的公务员要予以降级，不满50分、名列五等的公务员要予以免职；根据考绩

[①] 参见中国第二历史档案馆编：《国民党政府政治制度档案史料选编》（下册），安徽教育出版社1994年版，第39—40页。

应降级而无级可降者,则依其级差数目比照减俸。① 由此,在考试院铨叙部的监督统筹之下,行政机关获得了对于简任、荐任、委任各级事务官的完全惩戒权(包括免职、降级、减俸、申诫、记过)。抗战胜利后,1945 年 10 月该条例修正并更名为《公务员考绩条例》,本来作为战时权宜办法的"五等免职"之规定,也被列入新条例附表。②1949 年 1 月,国民政府公布施行《公务人员考绩法》,依据该法,年考由各机关办理并报考试院铨叙机关备案,总考由铨叙机关核定,但委任二阶、三阶人员之总考可依年考规定(由各机关办理)(第 3 条);考试院铨叙机关对于公务员考绩分数或奖惩有疑义,可派员查核,或通知本机关予以解释,或要求其重加考核(第 10 条);关于考绩之惩罚,年考五等者免职、连续两年年考列四等者可以免职,总考列五等者免职、连续两次总考列四等者亦免职(第 6 条);关于考绩惩处之救济,公务员对于考绩结果有疑义,得于考绩结果发表后一个月内,年考向本机关长官,总考向铨叙机关,申请复议,但以一次为限(第 9 条)。③

本来根据 1948 年《公务员惩戒法》,除低阶(委任职)公务员的轻微惩戒可由行政机关主管长官决定外,公务人员的惩戒权属于司法院之公务员惩戒委员会(第 12 条);对于较高阶(荐任职以上)公务员之惩戒,行政长官不仅没有惩戒权,甚至连送惩权也要受到监察院的制约,其认为所属公务员有应受惩戒情事时,

---

① 参见钱端升等:《民国政制史》(上册),上海世纪出版集团、上海人民出版社 2008 年版,第 270—271 页。
② 参见中国第二历史档案馆编:《国民党政府政治制度档案史料选编》(下册),安徽教育出版社 1994 年版,第 106—109 页。
③ 参见《总统府公报》第 193 号,1949 年 1 月 1 日。

必须将相关文书连同证据移送监察院审查决定是否送惩（第11条）。[①] 可是，随着抗战时期的考绩条例与1949年《公务人员考绩法》的颁布，行政机关通过行使考绩及考绩伴随的行政处分权，在事实上可以相对独立地惩戒公务员，不论其职务的高低（简任／荐任／委任）以及处分的轻重。尽管考绩在理论上为考试院统管，但考试院铨叙机关所行使的主要是考绩案的审查核定权。[②] 年考实质上由各机关负责，仅向考试院铨叙机关备案；而总考在实际操作上也主要依赖行政机关的具体考核而作成。对于由考绩带来的行政处分，公务人员依法只能申请复议，不能寻求司法救济。

由此，司法院公务员惩戒委员会与行政机关（考试院铨叙机关）各自依据不同的法律（《惩戒法》与《考绩法》），对于公务员行使着类似的处分权力（司法惩戒或行政惩处）。其区别仅在于司法惩戒为日常之处分，行政惩处为年终考绩或3年考绩后之处分。即使上述惩戒时间上的区别也逐渐湮没，由于行政长官对于公务员平时之重大过失可记大过（《公务员考绩条例》第3条第3款）[③]，进而影响公务员之考绩并带来相应的行政处分，行政长官逐渐在事实上与法律上获得了对于公务员进行日常惩戒的权力。为区别于《惩戒法》上由公务员惩戒委员会掌理之"惩戒"，这种由行政机关（考试院）行使的考绩处分被称为"惩处"。这为行政长官规避公务员惩戒之司法审议（司法救济）大开方便之门。

---

① 参见《国民政府公报》第3108号，1948年4月15日。
② 参见徐有守：《考铨新论》，台湾商务印书馆1996年版，第164—166页。
③ 参见中国第二历史档案馆编：《国民党政府政治制度档案史料选编》（下册），安徽教育出版社1994年版，第107页。

（四）司法惩戒的规避与例外之二：监察院纠举权

监察院之纠举权与弹劾权有类似之处，可以说是简化手续的弹劾。在训政时期监察院成立之初并无纠举制度，只是到了抗战期间，为适应非常时期的需要，以迅速达成监察的目的，监察院拟定《非常时期监察权行使暂行办法》，创设了这一权限。1946年制定《中华民国宪法》时，又将监察院于抗战期间为便宜行事而创设的纠举权正式入宪，成为与弹劾权并列的宪法职权之一。纠举由少数（早期甚至为1名）监察委员为之，不必交付惩戒机关审议，"充分发挥古代御史单独纠弹之精神"。①

纠举权的行使程序，根据《非常时期监察权行使暂行办法》第2条规定，监察委员或监察使对于公务人员违法或失职行为，认为应速去职或其他急速处分者，得以书面纠举。纠举案提交给被纠举人主管长官或上级长官后，相关长官须立即决定裁撤或其他处分，如认为不应处分的，应说明理由并立刻回复。若相关长官在收到纠举案一个月内不处分又不说明理由，或虽回复却缺乏正当理由的，监察院可以不经一般弹劾案的审查程序直接将该纠举案转为弹劾案，移付惩戒机关。上述相关长官因为怠于处理纠举案，于被弹劾人受惩戒时，应同负责任。根据《非常时期监察权行使暂行办法》及其施行细则，纠举权之行使对象似乎是以委任官等中下级公务员（也即行政机关依职权可直接惩戒的对象）为限，对公务员惩戒机关惩戒权并未造成实质损害；但根据从1936年到1947年期间纠举案数据统计，除中下级官员外，亦有多名特

---

① 常泽民：《中国现代监察制度》，台湾商务印书馆1979年版，第166页。

任官、简任官、荐任官与将官、校官被纠举。①

1948年7月《监察法》颁布后，与《非常时期监察权行使暂行办法》相较，监察院之纠举权受到一定的限制；但与此同时，纠举权的行使也有了正式的法律依据。"主管长官在接到监察院纠举书后，应至迟于一个月内决定停职或其他行政处分，其认为不应处分者，应即向监察院声复理由"（《监察法》第20条）；如主管长官或其上级长官未依纠举书予以处分，又不向监察院解释或其解释"无可取之理由"时，监察委员可将纠举案转为弹劾案，如被纠举人之惩戒最后成立，则其长官应负失职之责（《监察法》第21条）。② 与弹劾权相较，监察院之纠举权仍保留了原来的三个特色：其一，纠举案具有紧急性，旨在速办；其二，纠举案在监察院内的审查通过程序更为简单，只须少数监察委员即可决定提起纠举；其三，更重要的是，纠举案只是移送被纠举者的主管长官或上级长官处理，规避了司法院公务员惩戒委员会的审议。③ 在《监察法》的授权下，不仅监察院规避了司法机关的制约，行政长官也由此"被动地"取得了对公务员予以停职等处分的权力。

（五）审级问题：受惩戒公务员上诉权与行政效率的平衡

作为诉讼制度，公务员惩戒委员会体制未设审级，这在一定意义上是对当事人诉讼权的一种限制；但是，"法治国家的实践，

---

① 参见常泽民：《中国现代监察制度》，台湾商务印书馆1979年版，第165—167页。
② 参见《总统府公报》第52号，1948年7月19日。
③ 参见陶百川：《比较监察制度》，台湾三民书局1978年版，第275页。

系乎法院的品质，而非审级的数目"。① 以宪法审判为例，德奥式的宪法法院亦是一审终审。将较重之公务员惩戒决定权交由准司法机关负责，这在一定意义上已经牺牲了行政的效率，形成对于行政机关的重大制衡，达到了保障公务员权利的目的。除德国这样的特例之外，或者采用主管机关惩戒、委员会复议加司法救济的方式，或者采用司法机关直接介入惩戒程序的方式，二选其一即可达到制约主管长官恣意、保障公务员权利的目的。而行政机关通过考绩惩处的方式规避司法惩戒程序，也正是其"趋利避害"的选择，也从一个侧面证明了一级一审的司法惩戒对于行政长官自由裁量已构成重大制约。就公务员惩戒委员会体制下司法惩戒与行政惩处双轨并行的现状而言，加强对于行政惩处的救济，完善针对行政惩处的申诉制度，并引入行政诉讼救济，或者更有利于公务员权益的保障。

（六）准司法机关还是"纯"司法机关：公务员审判委员会法庭化之争议

在理论界与实务界，关于公务员惩戒委员会的体制定位，有一种观点是：既然公务员惩戒委员会是司法机关，为确保裁判的独立与品质，应当摒弃委员制，改采法院化的组织形式，并采用一般法院的审判模式（例如公开审理、言辞辩论、控辩双方平等对峙等）。但也有不少反对的意见：其一，自 1913 年民国北京政

---

① 李建良：《从基本权观点论公务员惩戒之审级制度》，载氏著：《人权思维的承与变——宪法理论与实践（四）》，台湾新学林出版股份有限公司 2010 年版，第 343 页。

府成立文官惩戒委员会以来,公务员惩戒体制虽历经多次变革,但仍大致延续了委员会体制达数十年,"自有其存在之历史背景、价值与实际需要,应予重视维持"。其二,与一般法庭审理方式相较,"委员制之调查审理方式,系采不公开调查之形式进行,开庭时,被付惩戒人、证人等均与调查委员平行对座,并由庭丁供应茶水,每人畅所欲言,犹如开座谈会者然,被付惩戒人可充分陈述意见及有防御之机会,亦可与证人对质及进行诘问证人,以发现实体之真实,毫无心理负担,足以维持被付惩戒人之人格尊严与荣誉,亦不影响其继续执行职务之威信"。而"采行法院化,于公开法庭审理及两造对审辩论下,被付惩戒人立于法官台下应讯,公开遭受对造或证人之责难",可能会对公务员之品位及尊严造成无法弥补的损伤。其三,比较各国惩戒制度,"唯独德国采行惩戒法院之体制及日本法官惩戒采行法院制,其余国家均采委员会议之审议体制"。① 其实,如前所述,在2002年改制将公务员惩戒事务统一交由行政法院管辖之前,德国延续了上百年的惩戒机关(惩戒法院),就其法官组成与审理程序来看,仍包含了委员制的元素,也可说是"准司法机关"而非"纯司法机关"。总的来说,公务员惩戒事务的性质与普通民、刑诉讼甚至行政诉讼均有较大差异,打破长期形成的委员会体制传统,以德国的特例为榜样,用纯粹司法的逻辑来组织法庭、设置程序,可能会造成司法权过度侵入行政权的范围,也可能会对公务员与政府机关的威信及效率造成较大的伤害。

---

① 参见柯庆贤:《公务员弹劾惩戒惩处之理论与实务》,"司法院"2002年版,第269—272页。

四、小结

正如本章开篇所述，公务员惩戒乃是维系公务人员纪律、确保其执行公务质量的重要手段；与此同时，对公务员惩戒的监督与救济亦是预防机关长官恣意、保障公务员权益、提高公务人员整体素质与凝聚力的有力保障。比较欧美各国公务员惩戒制度，大多是采行政长官主导、部内委员会审查、上级机关及独立委员会复议，再辅以司法救济。比较特殊的例子是德国，它从早期的独立惩戒法院—惩戒检察官体制，发展到现在的由三级行政法院审议决定惩戒事宜，与英、美、法、日相比，德国司法机关的角色不再是充当惩戒的补充救济机关，而是"越俎代庖"，直接主导惩戒。必须要说的是，德国这种以司法机关主导惩戒，特别是其2002年后采用一般行政诉讼机制处理公务员惩戒事宜，只是特例中的特例，可能与德国独特的宪法与司法传统，乃至特殊的人权经历都有关系。

回顾民国历史，在创设现代公务员惩戒制度之初似乎就"取法其上"，将公务员惩戒权赋予相对独立之文官惩戒委员会而非行政长官；而文官惩戒委员会的组织也包含了司法机关的因子，例如由大理院院长或平政院院长兼任委员会委员长，惩戒委员会委员中也包括法官。平政院—肃政厅设立后，弹劾与惩戒两种在欧美截然两分的公务员惩戒制度开始合一；与此同时，平政院—肃政厅的架构又与德国惩戒法院—惩戒检察官的架构非常接近。自1928年南京国民政府秉承孙中山宪法思想设立融汇中西的五权宪法架构以来，独立的中央监察机关（监察院）将欧美国会的弹劾权与德国惩戒检察官的权力合二为一；负责审议弹劾（惩戒）案的则为各类公务员惩戒委员会，以司法院下设的中央与地方公务员惩戒委员会负责事务官惩戒，以国民党中央党部纪律监察委员会、国民政府政务官惩戒委员会负责政务官惩戒。在《中华民国宪法》的拟定过程中，代表监察院的声音一直鼓吹应将弹劾与惩戒统一划归监察院管辖，这一建议为"五五宪草"所采纳。可是在 1946 年制宪以及随后的配合修法过程中，局势发生大逆转，司法院不仅保住了惩戒权，并且获得了高度集中的惩戒权，不分政务官、事务官，甚至不分文职、军职，所有公务员惩戒事宜均归司法院公务员惩戒委员会一级一审，其他训政时期设立的惩戒机关一律裁撤。在公务员惩戒的司法化方面，近代中国似乎走到了欧美前面，公务员保障与惩戒"完美结合"，"寓保障于惩戒之中"，甚至赶上并超越了公务员惩戒司法化的先锋——德国。

可是，在公务员惩戒机关通过宪法与相关法律实现一元化、司法化的同时，五权宪法上的其他机关也为规避公务员司法惩戒找到了出口，并且获得了相应的法律支持。行政机关—考试院铨叙机关获得了考绩惩处权，监察院—行政机关获得了纠举处分权。实际上，在公务员处分的问题上，形成了《惩戒法》《考绩法》《监察法》三法并立，司法惩戒、行政惩处、监察纠举（处分）三罚并行的局面。南京国民政府尽管在宪法及相关法律上实现了公务员惩戒权高度统一于司法机关，但这仅仅是语词概念上的一元化，在现实中惩戒之外有惩处，正式弹劾之外有纠举，笔者思考其原因如下：

其一，南京国民政府在公务员处分的问题上发生复杂的权力冲突与重叠，这或许与孙中山五院并立的宪法体制创新有关。与三权分立相较，五权并立自然会带来权力机关间更多维度的磨合与冲突。通过公务员惩戒委员会研究五权宪法带来的分权方面的新问题，或者可以成为研究公务员惩戒委员会体制的副产品。

其二，对于行政机关、监察机关来说，司法惩戒的程序过于漫长，司法官主导的惩戒委员会降低了行政机关的效率，损害了监察机关的威信，司法权由此过度侵入了行政权与监察权的范围；而比较各国惩戒制度，罕有将一般公务员惩戒权赋予司法机关者。法律为行政机关、监察机关设置规避司法审议的出口，形成多轨并行的局面，这或者起到了制度安全阀的作用。如果完全由司法机关垄断公务员惩戒权，则难免会发生行政、监察（可能还有考试、立法）机关与司法机关之间的严重冲突，并可能最终导致司法惩戒制度的彻底废除。

其三，站在欧美典型分权理论的观点来看，在宪法法律明定惩戒权属于司法权的前提下，司法惩戒、行政惩处、监察纠举（处分）三罚并行或许有违制度的理性，而行政机关、考铨机关、监察机关对于司法惩戒的规避更是对于司法权的严重侵犯。但是，如果我们站在五权宪法的角度来看，不仅行政机关对于公务员惩戒权的要求十分自然，考铨机关基于其人事权、监察机关基于其监察权要求分享公务员惩戒权也都有其正当性。就权力制衡而言，与司法惩戒中检—审并立类似，考绩惩处与纠举处分并非高度集权于一个权力机关，而是由两个机关（行政—考试、监察—行政）互相制约，在功能上亦可达到公务员权益保障的效果。在行政（考绩）惩处中，如考试院对考绩案能认真审查核定，切实履行年考备案审查与主持总考的职权，考试机关与行政机关依然可以互相制约；与此类似，在纠举案中，行政机关如果认为监察院纠举不当可对公务员不予处分，之后如果监察院坚持转为弹劾的话，其弹劾案就要受到司法院公务员惩戒委员会的审议。

其四，从民国北京政府到南京国民政府，近代中国逐渐形成了融汇中西而又独具特色的宪法体制与公务员惩戒制度。就公务员惩戒制度而言，一方面，在组织与程序上它渐趋司法化；另一方面，正所谓"过犹不及"，这一制度选择也并非绝对的、纯粹的司法化，公务员处分在制度上与实务上仍是多权分享、多轨并行。即使司法惩戒体制自身，也仍包含行政处分的因子，例如一级一审，再如委员会的组织方式与案件审议程序，都与民刑普通法院体制相去甚远。任何改革公务员惩戒委员会制度，将其进一步司法化、"理性化"的尝试，在理论上难免会与既有的宪制背景脱节，在实务上也未见得能够奏效。

第四章　民国司法院：近代最高司法机关的新范式①

一、司法院体制的由来与变迁

（一）清末民初近代中央司法体制的草创

1902年，清廷开始变法修律，而司法制度的改革，一直是其重点。1906年（光绪三十二年）清廷改革官制，下诏："刑部，著改为法部，专任司法；大理寺，著改为大理院，专掌审判。"② 这里所谓法部所掌"司法"之权言之不详，并未清楚地区隔司法行政

---

① 称司法院为新的范式，是因为司法院的体制不仅在中国前所未有，在世界范围内也是别具一格，甚至在某些方面领风气之先。关于近代中国的司法制度，以我国台湾地区政治大学法学院黄源盛教授对于北洋时期大理院的研究成绩最为卓著；至于南京国民政府时期司法院的专门研究则较少见，在台湾地区，只有当法律人对"现行"制度进行历史解释时，才会谈及1949年以前的故事，且往往语焉不详。本文的研究，便是希望能稍进一步，探讨司法院这一近代中国特有的中央司法制度的由来及变迁。
② 《清实录》第五十九册《德宗景皇帝实录》（八），卷五六四，中华书局1987年版，第468页。

权与司法审判权。直至1909年（宣统元年）12月，清廷正式颁布《法院编制法》，并下谕："立宪政体，必使司法行政各官权限分明。……自此次颁布《法院编制法》后，所有司法之行政事务，著法部认真督理，审判事务，著大理院以下审判各衙门，各按国家法律审理，从前部院权限未清之处，即著遵照此次奏定各节，切实划分。……嗣后各审判衙门，朝廷既予以独立执法之权，行政各官即不准违法干涉。"[①] 至此，审判权走向独立，最高审判权悉归大理院；最高审判机关（大理院）与司法行政机关（法部）权限亦作严格区分。

辛亥之后颁布的宪法性文件《中华民国临时约法》规定了审判公开与独立原则以及司法官地位的保障，并将诉讼制度设计为普通诉讼与行政诉讼分流的二元制度，但关于法院的编制则交由法律规定。1912年3月，在北京就任临时大总统的袁世凯下令在民国法律未经议定颁布以前，暂行援用前清法律（与民国国体抵触者除外），前清之《法院编制法》亦被援用。北洋时期大理院为中央最高审判机关并行使统一解释法令之权，司法行政则归于行政体系下的司法部。至于行政诉讼，则于1914年颁布《平政院编制令》，规定由平政院掌理行政诉讼，并"察理"官吏纠弹案件。[②]

中国古代政府虽然也有职能的分工，但是就司法而言，审判权与司法行政权并未分开，对于不同诉讼类别的案件（民、刑、行政诉讼）也没有做明显的区分，更无审判独立的观念。在晚清

---

① 《清实录》第六十册附《宣统政纪》，卷二十八，中华书局1987年版，第518页。

② 罗志渊编著：《近代中国法制演变研究》，台湾正中书局1974年版，第409—412页。

西潮的冲击下,清廷才将审判权与司法行政权分开,开始走向审判独立;民国初年又实行了普通(民、刑)诉讼与行政诉讼(公务员惩戒)分殊的二元审判体系,同时赋予大理院统一解释法令之权。近代中国从创设新型司法制度伊始,便突显了司法制度的三个重大问题:中央司法行政权与最高审判权的区分,最高司法机关的规范审查权,一元或多元的司法审判体系。本章所谓近代中国最高司法机关的范式,主要围绕这三个问题展开。

(二)南京国民政府训政时期的司法院体制

1. 司法院的设立

1927年南京国民政府成立,改北洋时期大理院为最高法院,一方面为全国民刑案件终审机关,另一方面行使法律解释之权,为当时全国最高司法机关。同时设司法部,掌理全国司法行政。[①] 1928年10月,国民政府第三次修正颁布《国民政府组织法》,[②] 根据孙文五权宪法学说,国民政府设置行政、立法、司法、考试、监察五院。该组织法规定:"司法院为国民政府最高司法机关,掌理司法审判、司法行政、官吏惩戒及行政审判之职权。"[③] 1928年10月,国民政府公布《司法院组织法》,又于同年11月修正公布,

---

[①] "司法院史实纪要编辑委员会"编:《司法院史实纪要》,(台北)自刊1982年,第3页。

[②] 在1946年《中华民国宪法》公布之前,南京国民政府虽于1931年颁布《训政时期约法》,但其对于政府组织言之不详,故而《国民政府组织法》是当时关于中央政府组织的最高指导规范。

[③] 夏新华等整理:《近代中国宪政历程:史料荟萃》,中国政法大学出版社2004年版,第788页。

司法院遂告成立。根据《司法院组织法》第 1 条,"司法院以下列机关组织之：一、司法行政部；二、最高法院；三、行政法院；四、公务员惩戒委员会"[①]。也就是说,以上四机关都是司法院的一部分,它们是司法院的内设机关。最高法院名为"最高",事实上仅为民、刑案件（普通诉讼）的终审机关。

司法院设院长、副院长各一人。司法院院长职权如下：其一,综理全院事务（《司法院组织法》第 2 条）；其二,组织最高法院院长及相关庭长统一解释法律、命令（《司法院组织法》第 3 条）；其三,指导司法行政,"司法行政部承司法院院长之命,综理司法行政事宜"（《司法院组织法》第 4 条）；其四,相关法律案的提案权,"司法院关于主管事项,得提议案于立法院"（上述《国民政府组织法》第 35 条）。司法院院长因故不能视事时,由副院长代行职权。

司法院成立之初,原司法部亦隶属于司法院,1928 年 11 月改组为司法行政部,该部就主管事务对地方最高行政长官有指示监督之责。司法行政部部长综理部务,监督高等以下各级法院及分院,及全国各级检察机构。司法行政部监督权之行使,不影响审判独立。[②] 司法行政部与最高法院、行政法院与公务员惩戒委员会为司法院内平行单位,故司法行政部管辖权不及于此三个院会,而由其各自院长（委员长）掌理其内部行政事务,由司法院院长综理司法院内的重要行政事务。

[①] 夏新华等整理：《近代中国宪政历程：史料荟萃》,中国政法大学出版社 2004 年版,第 857 页。

[②] 参见"司法院史实纪要编辑委员会"编：《司法院史实纪要》,（台北）自刊 1982 年,第 7 页。

此时的司法院下辖三个终审机关（掌理民刑案件的最高法院、掌理行政诉讼的行政法院与掌理公务员惩戒的公务员惩戒委员会）与主管司法行政的司法行政部，故可笼统地称之为最高司法机关，尽管最高审判权并不由司法院院长／副院长直接掌理。

2. 司法院定位的变化

1931年12月，国民政府第六次修正《中华民国国民政府组织法》，司法院定位由"最高司法机关"改为"最高审判机关"，司法院院长／副院长直接掌理审判。组织法明确规定："司法院设最高法院、行政法院及公务员惩戒委员会"（第36条）；"司法院院长兼任最高法院院长，司法院副院长兼任公务员惩戒委员会委员长"（第37条）；"司法院院长对于行政法院及公务员惩戒委员会之审判，认为有必要时，得出庭审理之"（第38条）。[①] 1932年3月国民政府又第七次修正《国民政府组织法》，此次修正非常细微，主要目的便是将六次修正组织法第37条"司法院院长兼任最高法院院长，司法院副院长兼任公务员惩戒委员会委员长"这一"强制规定"改为"弹性规定"："最高法院院长得由司法院院长兼任，公务员惩戒委员会委员长得由司法院副院长兼任。"[②]

第六次修正《国民政府组织法》将司法院"最高审判机关化"，司法院同时丧失了司法行政权。该组织法规定，荐任以上[③]的司法官吏之任免由行政院会议议决（第24条第5款），司法行

[①] 夏新华等整理：《近代中国宪政历程：史料荟萃》，中国政法大学出版社2004年版，第796页。

[②] 罗志渊：《中国宪法史》，台湾商务印书馆1967年版，第240页。

[③] 依国民政府公务人员任用的相关规定，公务人员职等由低到高依次是委任、荐任、简任、特任，而法官或监察官通常均为荐任以上职等。

政部随之于 1932 年 1 月改隶行政院。至于司法院及其所设的最高法院、行政法院及公务员惩戒委员会的行政事务，由于其自始便不属于司法行政部管辖，所以仍属司法院自理范围。1934 年 10 月，根据中央执行委员会政治会议的决议，司法行政部又回归司法院，第九次修正的《国民政府组织法》也作了相应修改，1936 年 10 月修正公布之《司法院组织法》亦从之，司法院不仅是最高审判机关，也是"整个的最高司法机关"。[①] 1943 年 1 月，根据 1942 年 12 月国民党五届十中全会决议，又第十次修改《国民政府组织法》，将司法行政部又改隶行政院，其理由据称是在即将废除领事裁判权之际，必须改进司法作为，而将司法行政部改隶行政院则有利于提升战时司法办案之效率。[②]

（三）《中华民国宪法》制定过程中司法院定位问题的反复

1. "五五宪草"中的司法院

1936 年由立法院修正通过的五五宪草仍然维持了司法院并为最高审判与司法行政机关的定位，但是将公务员惩戒排除在司法院职权之外，而转由监察院管辖（第 76、87 条）。[③] 政府对于司法行政应属司法院而非行政院掌理有如下理由：其一，孙中山手订《建国大纲》内列举行政院各部，其中并无司法部或司法行政部之名，而其在广州革命政府时期所设最高法院即监管司法行

[①] 罗志渊：《中国宪法史》，台湾商务印书馆 1967 年版，第 241—242 页。

[②] 参见谢冠生：《战时司法纪要》，"司法院秘书处" 1971 年版，第 1 页。

[③] 参见夏新华等整理：《近代中国宪政历程：史料荟萃》，中国政法大学出版社 2004 年版，第 987、988 页。

政,可见司法行政由司法院掌理乃"国父之本意";其二,依孙文遗教,"五院皆对国民大会负责",司法院对国大所负应为司法行政之责,而非审判之责,因为法官依法独立审判,不对国大负责;其三,司法行政如交由行政院,可能影响法官审判独立。①

2. 从期成宪草到政协协议对司法院定位的调整

"五五宪草"颁布后不久,日军入寇,制宪机关国民大会无法集会,一拖9年,"五五宪草"也就被拖黄了。在抗战期间,制宪工作也并未完全停顿。国民参政会宪政期成会和国民参政会宪政实施协进会先后对"五五宪草"做了部分的修正,是为抗战期间的第一次和第二次宪政运动。由于国民党政府明里暗里的反对,这两次运动最后都无疾而终。②宪政期成会制成期成宪草,该宪草的起草者认为行政权应统归于行政院,故而取消了司法院的行政权,规定"司法院为中华民国之最高法院"(第83条)。③留美背景的罗隆基在宪草讨论中,还首次提出了"大法官"之名。提议将司法院改采美国式最高法院的模式,据说是因为二战期间中国的盟友为英美法系国家,而敌人则为大陆法系之日、德,因此社会上有一种思潮,认为之前采大陆法系制度,今后应考虑改采英美法系之制度。④宪政实施协进会提出研讨的问题中也包括了"司法院应否

---

① 参见"立法院宪法草案宣传委员会"编:《中华民国宪法草案说明书》,台湾正中书局1940年版,第52—53页。

② 参见闻黎明:《第三种力量与抗战时期的中国政治》,上海书店出版社2004年版。

③ 夏新华等整理:《近代中国宪政历程:史料荟萃》,中国政法大学出版社2004年版,第1047—1048页;其修正理由见该书第1059页。

④ 参见翁岳生:《大法官功能演变之检讨》,载翁岳生:《法治国家之行政法与司法》,台湾月旦出版社1994年版,第414页。

兼掌司法行政"一项，① 可见关于司法行政权归属一直存在争议。

抗战结束后，原定1945年10月10日召开国民大会，制定宪法，因为中国共产党与其它党派联合反对国民大会代表名额分配及"五五宪草"内容，国民党被迫邀请共产党、民主同盟、青年党、民社党各党派代表以及社会贤达在重庆召开政治协商会议。宪草问题是政协会议的五大议题之一，最后就宪草问题达成的十二项原则，其中第四项便是"司法院"，其内容是："司法院即为最高法院，不兼管司法行政。由大法官若干人组织之。大法官由总统提名，经监察院同意任命之。各级法官须超出党派之外。"② 这也是在正式文件上首次提及"大法官"之名，是为大法官制度之滥觞。

3. 1946年《中华民国宪法》对司法院的"最后"定位

国民党中央对于"政协十二原则"提出多项修正，其中并未及于司法院这一政治上的"次要"问题。政协宪草审议委员会随之草拟的政协宪草在司法院问题上完全遵循了政协协议；国民政府对政协宪草进行部分修改调整后制成政府宪草，将其提交制宪国民大会讨论。政府宪草中司法院一章与政协宪草文字与条文顺序完全相同，只因其他章的调整依次改动了条文序号而已。1946年11月15日，"制宪国民大会"在南京召开。11月28日，在国大第三次会议上，立法院长孙科逐章说明修正内容及其与"五五宪草"的区别，就第七章司法院部分，孙科报告称："本宪草规定司法院为国家最高审判机关，与现在司法院不同，掌理民事刑

---

① 夏新华等整理：《近代中国宪政历程：史料荟萃》，中国政法大学出版社2004年版，第1090页。

② 夏新华等整理：《近代中国宪政历程：史料荟萃》，中国政法大学出版社2004年版，第1092页。

事行政诉讼之审判及宪法之解释，且组织方面亦有所改变。""此种制度，相当于美国之最高法院。"但孙科开头便说，"这一章与五五宪草没有多大变动"，意思大约是说"五五宪草"与政协宪草都主张改变既有的司法院体制，将司法院"最高审判机关化"；至于二者在司法行政权归属方面的差异，则未言及。① 在国大第一读会对宪草的分组审查过程中，占代表总额压倒性多数的国民党籍代表企图复辟"五五宪草"，大有将政协原则一一推翻之势，直至12月14日成立宪草综合审查委员会，历经政党协商与多方疏解，才将宪草基本恢复至政协宪草原案。12月21日，宪草完成一读；24日，完成二读；25日，三读完毕，宪法通过。该宪法由国民政府于1947年元旦公布，同年12月25日施行。与国民大会、行政院、立法院等章相较，司法院一章在宪草审查中并非焦点问题，但也存在重大分歧，经历三读程序，有关司法院的条文发生了微妙的变化。制宪者默默地、有意无意地改动了，或者说模糊了政协协议确立的相关原则，具体如下：②

变化之一：搁置了司法行政权归属问题，改"最高审判机关"为"最高司法机关"

在一读会分组（第四）审查会上，绝大多数意见主张司法行政应归于司法院，以实现司法院权之统一，但因少数代表坚持政协原案，审查会提出三种审查意见，均称"司法院为最高司法机

---

① 孙科报告参见"国民大会秘书处"编：《国民大会实录》，（台北）自刊1946年，第392、396页。
② 分组审查、综合审查、一读宪草与《中华民国宪法》条文比照表，参见张知本讲述、陈秀凤记录：《中国立宪故事》，台湾大中图书公司1966年版，附录二第19—20页；二读宪草条文参见"国民大会秘书处"编：《中华民国宪法之制定》，（台北）自刊1961年，第176页。

关"，对于司法行政权归属则意见有所不同，未作最后结论。在综合审查委员会上，由于国民党中央指示"不必再提司法院行政部属于司法院"①，才平息了宪法上司法行政权归属之争。但这仅仅是在宪法条文中"不必提"，是搁置而非真正解决纷争，再加上综合审查会保留了司法院"最高司法机关"的提法，实际上预留了一定的解释空间。

一读通过的宪草修正案（以下简称一读宪草）将原政府宪草第82条"司法院为国家最高审判机关，掌理民事、刑事、行政诉讼之审判，及宪法之解释"改为"司法院为最高司法机关，掌理民事刑事行政诉讼之审判，及公务员之惩戒"。改"最高审判机关"为"最高司法机关"，据说只是为了与其他四院相关条文（行政院为国家最高行政机关、立法院为国家最高立法机关、考试院为国家最高考试机关、监察院为国家最高监察机关）统一表述方式，但对照前述《国民政府组织法》的历次修正，立法者（制宪者）对于"最高审判机关"抑或"最高司法机关"的用词是非常慎重的，其中直接牵涉到司法院是否直接行使审判权与司法行政权的归属问题，②这一改变恐怕不是"将宪法条文五院表述方式统一"那么简单。另外，准司法性质的公务员惩戒权回归司法院其实已经使得司法院不再是单纯的美式最高法院。

变化之二："有意无意"中大法官职权的变更

在宪草一读审议中，第四审查会将原政府宪草第82条司法院掌理"宪法之解释"的规定调整到第86条，第86条由原"司法

---

① 阮毅成：《制宪日记》，台湾商务印书馆1970年，第55—56页。
② 条文中"掌理"二字也有广阔的解释空间，可以解释为司法院直接行使审判权，也可以理解为宪法制定前司法院监督管理下属三院（会）各自行使职权的旧制。

院有统一解释法律及命令之权"扩充为"司法院解释宪法,并有统一解释法律命令之权"。

同时,审查会将原政府宪草第83条"司法院设院长一人,大法官若干人,由总统提名,经监察院同意任命之"改为"司法院设院长副院长各一人,由总统提名,经监察院同意任命之。司法院设大法官若干人,掌理前条规定事项,由总统提名,经监察院同意任命之"。其所谓大法官掌理的"前条规定事项"本来是第82条"民事刑事行政诉讼之审判,及公务员之惩戒",但第四审查会再将前述宪草第86条调整到第82条之后(变为第83条),前述第83条序号则顺延为第84条。这样就发生了一个微妙变化,大法官掌理的"前条规定事项"(一读宪草第84条)就由原来第82条规定的"民事刑事行政诉讼之审判,及公务员之惩戒"变为一读宪草之第83条"解释宪法,并有统一解释法律及命令之权"。

前文已经提到,在制宪国大分组审查会中,占优势的国民党籍国大代表将政府提交的宪草大改特改,历经综合审查会才基本"恢复原状"。但第四审查会通过条文顺序的调整这一技术手段对大法官职权的变动,居然在综合审查中顺利闯关,并顺利通过整个三读程序。在最后通过的《中华民国宪法》中,由于其他章的调整,司法院一章的条文序号也跟着调整,二读宪草第82条调整为第77条,原第83条改为第78条,原第84条改为第79条,……依此类推。另外一个小小的变化是,三读整理宪草条文文句时,将二读宪草第84条(宪法第79条)大法官掌理"前条"规定事项明确为"本宪法第78条"规定事项。

政协原则关于司法院仿照美国联邦最高法院的设计,经由国大分组审查后,变成大法官不再掌理审判(惩戒),只行使抽象的规范审查权（解释权），造成"审判权与解释权相互分立，司法院与大法官结构分殊"的结果，这并非"无心之误"。① 在国大审查会中，张知本曾提出报告指出："原第83条改为第84条，条文略有修正。……又本条规定设大法官若干人，此一名称相当隆重，现在最高法院推事约有百余人，掌理全国诉讼，尚感人力不敷，倘将来设大法官百余人，甚为困难。我国最高法院与美国不同，大法官须对全国人民解释法律，在欧美各国大法官除办普通案件外，兼为解释宪法，故于条文中决定增加掌理前条规定事项数字，对大法官任务作明确规定。"② 由此可见，制宪者考虑到一直以来最高法院的实际情况，认为大法官与最高法院法官不同，司法院大法官与美国联邦最高法院大法官也不可同日而语，所以有意将大法官职权予以限缩。

总的来说，制宪者其实是在调和五五宪草与政协宪草（政府宪草），并兼顾训政时期司法院旧制，对于司法院定位问题采用了模糊化、"不为决定"的方式以及暗度陈仓的技巧，为司法院体系的建构，预留了很大的形成空间。

（四）1947年《司法院组织法》的出台与修正

1947年3月31日，国民政府颁布《司法院组织法》，规定"司

---

① 李建良：《大法官的制度变革与司法院的宪法定位》，载李建良：《宪法理论与实践（一）》，台湾学林文化事业有限公司2003年版，第567—568页。

② 《国民大会速纪录》（手抄本），第十次会议，民国35年12月18日上午9时，载《国民大会制宪会议纪录誊正本（四）》，第18—19页。转引自李建良：《宪法理论与实践（一）》，台湾学林文化事业有限公司，第568页；陈沧海：《宪政改革与政治权力》，台湾五南图书出版有限公司1999年版，第352页。

法院设大法官会议,以大法官9人组织之,行使解释宪法并统一解释法律命令之职权"(第3条)。大法官规定为9人,大概是仿效美国联邦最高法院9名大法官之设。第4条第1项规定:"司法院分设民事庭、刑事庭、行政裁判庭及公务员惩戒委员会。"这与美国模式不同,司法院是以分庭的方式掌理审判,至于三庭(会)如何组织,组织法并未言及,而是规定"另以法律定之"(第4条第2项)。大法官依《司法院组织法》组成大法官会议行使解释权,也可以在法无明文禁止的前提下另组审判庭(公务员惩戒委员会)掌理审判权(惩戒权)。"司法院就是最高法院,大法官就是最高法院的推事","若仅仅为解释宪法和统一解释法律命令起见,实在没有必要设置地位隆重的大法官"。① 这样的设计似乎并没有理会前述宪法条文中的微妙变化,仍是采用政协宪草设计的模式,将司法院旧制全部推翻。探寻其中原因,《司法院组织法》乃是由立法院通过,立法院长孙科则是基本拥护政协宪草原案的;宪法司法院一章条文的调整是张知本等国民党籍国大代表所为,而张知本是国民党内的保守派,打着"国父遗教"的旗号坚决反对政协原则。制宪过程中为维护政协原则、确保制宪成功,孙科曾当面驳斥张知本:"请你以后不要动辄引用国父的话,以封人之口,而加深严重的情形。"② 张知本一干国大代表暗度陈仓,立法院即使领会到其中的微妙变化,也不见得会照此办理,更何况立法院如此设计,与宪法条文在字面上也并不抵触。

该法公布后,便受到最高法院院长在内的法界人士的反

---

① 雷震:《制宪述要》,香港友联出版社1957年版,第40、41页。
② 蒋匀田:《中国近代史转折点》,香港友联出版社1976年版,第176页。

对。① "有以最高法院全体推事同仁名义发表社论,主张在司法院之下,最高法院仍照旧维持。"② 当时战事吃紧、政局混乱,国民政府已经无力从事改制工作。于是于1947年12月25日"行宪"当日颁布修正之《司法院组织法》,除增设大法官共17人组成大法官会议专司释宪和统一解释法律命令之权外,仍沿袭训政时期司法院下设三院(会)分掌普通(民刑)诉讼、行政诉讼与公务员惩戒等旧制。美国联邦最高法院模式的构想,至此彻底破灭。

二、司法行政权的特殊安排

(一)司法行政权的归属问题

司法行政与其他公权力的行政核心目的不同,在同属于公共行政形式之下,"以审判权为核心的司法行政,因为所要实现的审判权(狭义司法权)必须受到审判独立原则的限制,而与其他领域的行政呈现很大的不同。简言之,正因为行政的原理原则,基本上都是从不存在独立保障(或义务)的一般行政领域发展出来的,……每一种行政的面向,直接或间接几乎都可能影响审判权的运作,才使得司法行政要作一些相应的调整,以确保审判的独

---

① 参见翁岳生:《大法官功能演变之探讨》,载翁岳生:《法治国家之行政法与司法》,台湾月旦出版社1994年版,第416页。
② 李学灯:《释宪纪要》,载"司法院"编:《司法院大法官释宪五十周年纪念文集》,(台北)自刊1998年,第713页。

立性。"① 法官依法独立审判原则与司法行政之间内在的紧张关系源于行政权与审判权基本原则的冲突，司法行政权，特别是其中的人事行政权与预算权，对于法官独立审判可能构成很大的威胁。司法行政权的归属对于审判独立无疑具有重要影响，从国民政府司法行政权归属的反复调整也可见其意义重大。

司法行政权的归属可以有多种选择：其一，归属于行政机关，如第二次世界大战前欧洲大陆的制度；其二，归属于由法界人士组成的独立委员会，如 20 世纪以来的美国及二战后的意大利；其三，直接归属于最高审判机关，如二战后的日本；其四，归属于不直接掌理审判的最高司法机关，如近代中国的司法院。

比较各国司法制度，欧陆国家的司法行政，"传统上都置于行政部门的科层体制下，从任命、迁调、监督、考核等人事行政，到财政会计，都在行政官员的手上，只有审判的独立（independence），没有司法的自主（autonomy），或者说只有决定独立（decisional independence），没有部门的独立（branch independence）"。② 美国的联邦体制下，司法行政权的归属非常复杂：联邦法院法官由总统提名，经参议院以普通多数同意而任命；各州法官有州长任命的，也有由选举产生的，而绝大多数的基层法官是由选举产生的；联邦和各州法院预算的不统一，也是司法

---

① 苏永钦：《司法行政组织的发展趋势——从审判独立与国家给付司法义务的紧张关系谈起》，载法治斌教授纪念论文集编辑委员会编：《法治与现代行政法学：法治斌教授纪念论文集》，台湾元照出版有限公司 2004 年版，第 45 页。
② 苏永钦：《司法行政组织的发展趋势——从审判独立与国家给付司法义务的紧张关系谈起》，载《法治与现代行政法学：法治斌教授纪念论文集》，台湾元照出版有限公司 2004 年版，第 49 页。

行政不统一的关键因素。这种散漫的司法行政引发普遍的不满，直至20世纪，国会相继设立了三个独立于行政体系之外的机构，分别是1922年设立的联邦资深巡回法院法官会议（1948年更名为美国司法会议，Judicial Conference of the U. S.），1939年设立的美国法院行政管理局（the Adminstrative Office of the U. S. Courts），1967年设立的联邦司法中心（Federal Judicial Center）。[①] 与欧陆设立于行政体系内的司法行政机关相较，美国逐渐从法界内部创设、统合起来的司法行政体制，对于司法部门而言无疑具有更高的自主性。20世纪下半叶，在批评行政体系下的司法部权力过大，危及审判独立的呼声渐高的背景下，欧洲大陆国家也开始采用司法会议（司法委员会）的模式，司法会议由法官和其他法界代表（如检察官、法学教授和律师）组成，从行政部门手中部分接管了司法行政权。首创者为法国第四共和国最高司法会议，但是并不成功；反而是参考法国模式的意大利取得了明显成效，其司法会议掌握了全部的人事行政权。到20世纪末欧洲有多个国家成功地将司法行政权（包括人事行政权与预算权）由行政部门移转给独立的委员会。[②] 中国的国民政府根据孙文五权宪法学说，另辟蹊径，将司法行政从富于政治性和变动性的行政部门（行政院）抽离，转交最高司法机关（司法院），在一定程度上也是基于排除政

---

① 至于美国中央政府的司法部，其职权与一般国家有所不同，司法部长兼任总检察长（下辖联邦检察官），代表政府控告罪犯，同时担任联邦政府的法律顾问。移民局也是司法部下设的部门之一。

② 苏永钦：《司法行政组织的发展趋势——从审判独立与国家给付司法义务的紧张关系谈起》，载法治斌教授纪念论文集编辑委员会编：《法治与现代行政法学：法治斌教授纪念论文集》，台湾元照出版有限公司2004年版，第49—53页。

治干扰、确保法官独立审判的考量（当然同时也受到了民初大理院的影响）。①

大理院因沿革和法制上的理由，与内阁的司法部处于平行地位：大理院人事任免案、惩戒案、预算案虽由司法部长转呈，但后者不得拒绝或修改；在 1921 年民刑诉讼法颁布之前，大理院适用的一切程序，均由大理院开推事总会自行议定，公告施行；"司法部所颁行行政规则，于大理院向不适用"，"所有大理院的司法行政事务，均由大理院院长自定规则，监督施行"。②

司法院设立后，大理院基于最高司法机关地位所获得的自主权（如独立的人事权与预算权）也移转给司法院院长。司法院继承了大理院院务自主权，更一度将司法（行政）部纳入司法院内，管辖整个司法系统的行政事务。

司法行政权的归属在国民政府时期反反复复，其主要的争议便是司法院是否要"最高审判机关化"（即由司法院院长、副院长直接掌理审判事务），以及"最高审判机关化"的司法院是否仍可同时掌理司法行政。根据 1947 年颁布的《中华民国宪法》与《司法院组织法》，司法院内设三个终审机关和一个释宪机关，可称得上是最高审判机关的集合；除一直保有的院务自主权，司法院又取得了各级法院的司法行政权，成为名副其实的"最高司法

---

① 与之相应，联邦德国宪法法院在设立之后不久，于 1952 年要求在内部行政事务方面摆脱司法部的控制，具体包括行政人员任免权与预算独立等，这一要求于 1953 年得以实现。（Donald P. Kommers, *Judicial Politics in West Germany: A Study of the Federal Constitutional Court*, Beverly Hills, C. A.：SAGE, 1976, pp. 84—85.）

② 黄源盛：《民初大理院》，载氏著：《民初法律变迁与裁判》，（台北）自刊 2000 年，第 31—34 页。

机关"。

根据《司法院组织法》，司法院院长综理院务、监督所属机关（第6条）；司法院可自定处务规程（第12条），并逐渐取得相关法律案的提案权和独立的预算权。尽管司法院三个所属院（会）事务由其各自院长（委员长）综理，相对独立，但司法院院长仍保有重要的行政权（特别是司法官的调动权、准立法的规则制定权、相关法律提案权与预算编列权四项）。1943年修正《国民政府组织法》以来，高等法院以下法院和各级检察部门的司法行政院长期隶属于行政院下设的司法行政部管辖。由于宪法没有明文规定司法院掌理司法行政，司法行政部（附带还有各级检察部门）自1943年调整划归行政院便一去不复返；司法院只可以根据宪法第77条司法院掌理民刑审判的规定要求附属于民刑审判的各级法院司法行政权。所以司法院虽是宪法上的"最高司法机关"，但其司法行政权却是不完整的，仅及于法院体系；检察部门则属于行政院下的司法行政部管辖。

（二）司法院内各职权合中有分、互相制衡

司法行政权归属于行政机关会影响审判独立，归属于法院就能保证审判独立吗？从民国五权政府设立以来，便有人对于司法院并为最高审判机关和司法行政机关心怀疑虑，立法上也是反反复复，1946年宪法也并未给出最终结论。比较各国司法制度，极少有最高审判机关兼理司法行政，二战后的日本是一个特例，但是效果并不好。日本由最高裁判所兼理司法行政，将上下级法院间单纯的审级关系变成复杂的行政管理关系，下级法官与最高裁

判所裁判官的关系由"对资深法官的尊敬"转变为"对上级长官的畏敬",造成司法"对外独立,对内不独立","上级法院开口,下级法院噤声"。① 这是因为最高审判机关挟其终审权兼理司法行政,对下级法官造成双重压力,其对审判独立的干扰,尤甚于行政部门。②

事实上,司法院从成立以来,在实践中从未将最高审判权与司法行政权合一;除了"五五宪草"之外,立法者(制宪者)也很清楚地将最高审判权与司法行政权分离。司法院的第三种权力(规范控制权)也一直保有相当的独立性。掌握最高司法行政权的司法院长/副院长不是法官,并不直接行使审判权,最高审判权分属"独立于司法院之内"的最高法院、行政法院与公务员惩戒委员会。1931 年修正《国民政府组织法》,将司法院"最高审判机关化",司法院丧失了司法行政权。政协协议与政协宪草将司法院设计为美国最高法院模式,其前提便是司法院不兼管司法行政。1947 年"行宪"之前的训政时期,统一解释法令权是由司法院院长/副院长与最高法院分享,彼此制衡;"行宪"之后,由特设的大法官会议行使统一解释法令权和释宪权,司法院院长/副院长对其影响非常有限。

从训政时期以来,司法院院长、副院长的任命通常都是政治任命,他们不是法官,不直接掌理审判,在宪法上有固定的任期。而最高法院上承北洋时期大理院,长期独立掌理民刑案件最高审

---

① 苏永钦:《宪法解释方法上的错误示范》,载苏永钦:《走入新世纪的宪政主义》,台湾元照出版有限公司 2002 年版,第 393 页。

② J. Mark Ramseyer, "The Puzzling (In) dependence of Courts: A Comparative Approach", *Journal of Legal Studies*, vol. 23, no.2 (June 1994), pp. 725—728.

判权;最高法院的推事是法官中的精英,他们基于专业形成了相对独立的职业体系,法官职务又受到宪法特别保障,是终身职。这样的一个基于专业、传统和宪法(或宪法性法律,如政府组织法等)保障长期独立的审判组织,不可能轻易向单纯政治任命而无专业背景的司法院院长/副院长缴械。尽管司法院院长/副院长掌有司法行政权,但其无法直接插手审判。并非职业法官出身的司法院院长/副院长也曾经尝试介入审判业务,如前述1931年12月修正《国民政府组织法》,规定司法院院长兼任最高法院院长,司法院副院长兼任公务员惩戒委员会委员长;但国民政府旋即于次年3月专门修正《国民政府组织法》,将这一"强制规定"改为"弹性规定"。其中原因或者与组织法相关规定受到抵制,无法贯彻有关。如果这只是推测,前述1947年最高法院全体推事声明反对同年3月《司法院组织法》将最高法院法庭化则是明证了。①

诚如英国大法官柯克所言,法律(学)是人为的理性,熟练掌握专业(法律)知识的法官有其职业自豪感,法律家凭借其人为理性对抗高权正体现了专业化的力量。清末刑部有"专家当家"的特例,② 由法律专家而非刑部最高长官主理刑部。审判独立的幼苗或者便孕育于此。资深法官们长期形成的职业传统,使得政治任命的司法院院长、副院长(也包括大法官)始终无法真正介入、干涉普通诉讼的审判,司法院也未能真正审判机关化。

---

① 至于行政法院和公务员惩戒委员会,则未见有如同最高法院一般的作为,这或者是与其并非纯粹的司法部门有关,但它们也搭了最高法院的便车,得以保全建制。

② 清朝中央六部通常由满尚书当家。清末刑部是少有的例外,先后由薛允升、赵舒翘、沈家本三位侍郎"当家"数十年,这三人俱是旧律专家。(参见李贵连:《沈家本评传》,南京大学出版社2005年版,第101—104页。)

实际上，在司法院体制之下，司法行政权、最高审判权以及规范控制权是合中有分，彼此仍发挥一定制衡功能。[①] 司法院下属的大法官会议和三院（会）虽然"上戴司法院院长，受其监督"，[②] 但就其职权来说，均属独立。司法院（院长、副院长）只拥有不完整的司法行政权，或可勉强称为最高司法行政机关，"因为国人善于应用归纳法，乃把许多性质不同而应独立的裁判机关均装入司法院之中"，[③] 造就了一个五权宪法上的"最高司法机关"。但在这"包山包海"的司法院之内，司法行政权与最高审判权（以及规范控制权）从未真正集于一体，这与前述日本最高裁判所大不相同。

在五权宪法的体制下，近代中国司法行政权的归属在当时世界上可能是独一无二的模式。在司法院内，司法行政权与审判权的独特安排尽管在欧美找不到对照的样板，但这样的制度设计却也并不违反独立审判的原则。

三、司法院（大法官）的规范控制权

司法院从创设伊始便具有规范控制功能，这项权力上承自大理院时期的统一解释法令权。1946年宪法颁布之后，规范控制的职能转移给大法官，其职权范围更有质的扩充，司法院（大法官）

[①] 参见苏永钦：《宪法解释方法上的错误示范》，载苏永钦：《走入新世纪的宪政主义》，台湾元照出版有限公司2002年版，第393页。

[②] 萨孟武：《中国宪法新论》，台湾三民书局1993年版，第262页。

[③] 萨孟武：《中国宪法新论》，台湾三民书局1993年版，第263页。

于统一解释法令权之外又获得了宪法解释权,并为法律终极解释者与宪法守护人。① 大理院从 1912 年至 1927 年共得"统字"2012 号解释,连同往返公文四千余篇,堪称巨构;南京国民政府最高法院解释自 1927 年 12 月至 1928 年 11 月计 252 号;司法院设立后,从 1929 年 2 月 16 日第 1 号解释算起,至 1948 年 7 月 1 日司法院根据宪法和《司法院组织法》改组之前,统一解释法令达 4087 件;以上三者连同改组后司法院之"大法官会议解释"前后相继,共同印证了近代中国司法解释制度的发展,也是当时制定法之外的重要法源。②

(一)"统一解释法律、命令"

司法院统一解释法令权乃上承民初大理院,是近代中国特殊法制背景的产物。北洋政府时期,刑法与民商法典均未颁布,削足适履地"暂行"援用前清法制,必将发生疑义。大理院通过行使最高审判权和法令统一解释权,作成判例和解释例,③ 各法原则,略具其中,其实形同造法。即使到了 1927 年国民政府定都南京之后,大理院判例和解释例除了与制定法明显抵触者外,仍得以继续沿用。大理院行使统一解释法令权前后达 16 年,而北洋时期正是中国法律大变革的时期,法律疑义甚多,"大理院之解释,亦不

---

① 准确地说,承担规范控制职能的是大法官会议,而非大法官。
② 参见"司法院史实纪要编辑委员会"编:《司法院史实纪要》,第 2、1181—1182 页。
③ 大理院判例和解释例汇编参见郭卫:《大理院判决例全书》,上海会文堂新记书局 1933 年版;郭卫编:《大理院解释例全文》,上海会文堂新记书局 1932 年版。

厌长篇累牍，论述学理，印证事实，备极精详"。① "大理院又有最高审判的权限以为贯彻法令间接的后盾，故此种权限实足增长大理院的实力；而大理院解释例全国亦均奉为圭臬，用作准绳。"②

国民政府训政时期由司法院院长亲自主持统一解释法令和变更判例会议，并以司法院名义公布解释。依1928年《国民政府组织法》第3条，"司法院院长经最高法院院长及所属各庭庭长会议议决后，行使统一解释法令及变更判例之权"，"司法院院长为前项会议主席"，故而是以会议的方式行使统一解释法令权。根据1929年1月司法院制定的《司法院统一解释法令及变更判例规则》（以下简称《规则》），训政时期的解释制度如下：③

1. 申请条件

申请人为公署、公务员或认许之公法人，不得以个人资格请求或经由公署转请（《规则》第3条第1项），1944年修正为以公署为限。申请事由须为与申请人职权有关的法令有疑义，且须为抽象之疑问，不得罗列具体事实。（《规则》第3条第1项后段及第2项）

2. 解释程序

解释程序分为两种：其一，书面议决；其二，会议议决。

由司法院院长将申请发交最高法院院长，由其分别民刑事类，分配民事庭或刑事庭庭长拟具解答案（《规则》第4条）。相关庭

---

① "司法院史实纪要编辑委员会"编：《司法院史实纪要》，第2页。
② 黄源盛：《民初大理院》，载氏著：《民初法律变迁与裁判》，台湾政治大学法学丛书编辑委员会2000年版，第33页。
③ 参见"司法院大法官书记处"编：《大法官释宪史料》，（台北）自刊1998年，第23—25页。

长拟具解答案后，应征求各庭庭长意见（规则第5条）。经各庭庭长签注意见后，复经最高法院院长赞同者，由其呈送司法院院长核阅，司法院院长亦赞同时，该解答案即作为统一解释法令会议议决案（《规则》第6条）。是为书面议决。

在相关庭长拟具的解答案有疑义的情况下，就必须要通过会议议决。若最高法院院长或过半数之庭长对于解答案有疑义，由最高法院院长召集统一解释法令会议；虽然最高法院院长及庭长对解答案无疑义，但司法院院长认为有疑义时，司法院院长亦得召集之（《规则》第7条）。统一解释法令会议以司法院院长、最高法院院长及各庭庭长组成；会议以司法院院长为主席，司法院院长有事故时，由司法院副院长代行之，若司法院副院长亦有事故时，由最高法院院长代行之。开会时，应由上开人员三分之二出席，出席人员过半数之统一，始得议决；如可否同数，取决于主席（《规则》第8条）。如司法院院长对议决案尚有疑义，得召集最高法院全体法官加入会议复议之。复议时以司法院院长、最高法院院长、庭长及全体法官三分之二出席，出席人员三分之二以上议决之（《规则》第9条）。

《司法院组织法》明确以会议的方式行使解释权，并通过《规则》详细规定了行使解释权的程序。司法院院长/副院长与最高法院分享法令统一解释权，司法院院长/副院长享有组织权和一定的否决权，最高法院院长、庭长具体负责解释工作，全体推事享有复议表决权，彼此互相制衡。这是一个首长负责、专业分工、民主表决相结合的制度设计，与北洋时期大理院长相较，司法院院长/副院长在其中拥有的实体权力是比较小的，这或者与其是政治任命，并非职业法官，在业务上处于劣势有关。

1947年《中华民国宪法》和《司法院组织法》颁布、施行后，则转由大法官会议行使法律命令解释权，申请解释案轮由大法官审查，提出审查报告由全体大法官共同审查，再由大法官会议议决，其程序详见后述释宪制度。

（二）"解释宪法"

1. 释宪模式比较

比较西方各国释宪制度，英国因为议会至上的传统，由议会解释宪法；美国采用的是由各级法院分散行使的针对具体个案的违宪审查制度；法兰西第五共和国建立的制度比较特殊，乃是由总统、立法机关、司法机关各自推选代表，与前任总统共同组成"宪法委员会"（Conseil constitutionnel），对于颁布之前的法案进行事先审查。至于集中抽象的违宪审查制度，则始于欧陆德语系各邦，其雏形是18、19世纪以来实行君主立宪制度各邦的"国事法院"（Staatsgerichtshof），其核心权限是解决"机关争议"（Organstreit），但其实际发挥的功能极其有限，更多的时候是通过政治途径解决争议。除上述解决水平的机关争议的机制外，在神圣罗马帝国和奥匈帝国时期，为解决联邦与邦的垂直争议，也设立了兼具政治与司法性质的机制（Reichskammergericht），1919年《魏玛宪法》第13条规定的所谓"最高国家法院"（Reichsgericht）也是受此影响。全世界第一个宪法法院是成立于1920年的奥地利宪法法院，但受凯尔森（Hans Kelsen）理论影响，宪法法院与具体案件完全抽离，仅抽象地审查法律形式的合宪性，避免对法律的实体内容作判断。其功能不在保护个人权利，而在维系宪法所定的联邦与邦的权限分配秩序。① 功能完善的现代抽象释宪制度的范例,则首推二战以后的德国基本法设立的联邦宪法法院,它不仅允许政府机关申请释宪,也受理公民个人提起宪法诉讼。它由专任法官组成两个法庭,第一庭职责是审理公民基本权受到侵害的案件,受理政党违宪案和选举诉讼,审查法律是否违宪;第二庭则主要解决机关争议。②

归纳起来,释宪机构依其组织和程序可分为四种模式:其一,立法机关进行解释(典型如英国);其二,各级法院针对个案进行司法审查(典型如美国);其三,特设的司法机构(或类司法机构)进行宪法裁判(如德国宪法法院模式);其四,特设政治机构对法案进行事先审查(典型是法国宪法委员会)。

回顾近代中国制宪史,上述四种释宪制度可以一一找到对应:③ 1912年王宠惠个人草拟宪草采用法院分散释宪模式,明显是仿效美国;天坛宪草和曹锟宪法则规定由国会组成宪法会议释宪,采英国议会释宪模式;五五宪草时期吴经熊个人试拟稿设国事法院,或者部分习自奥地利;张知本试拟稿则交由国民大会,是由孙文学说所谓政权机关(主权机关)释宪;五五宪草规定司法院释宪,政协宪草亦然,但二者所谓司法院组成不同;期成宪草则规定由国民大会议政会(国大常设机构)、司法院、监察院各推三人组成宪法解释委员会释宪,属于特设政治机构释宪。

---

① 参见许宗力:《集中、抽象违宪审查的起源、发展与成功条件》,载许宗力:《法与国家权力(二)》,台湾元照出版有限公司2007年版,第6—8页。
② 参见刘庆瑞:《比较宪法》,(台北)自刊1992年,第275—276页。
③ 相关研究参见蒋嘉一:《司法院大法官会议与政策合法化之研究》,台湾大学政治学研究所硕士论文,1984年,第126—131页。

《中华民国宪法》和《司法院组织法》最后确立的制度，在组织、功能上更接近于德国1951年设立的宪法法院，是由特设的组织（大法官会议）释宪，"兼具司法释宪和专门机构释宪两种制度之精神"，其设立则早于德国宪法法院，所以在当时来说是制度创新。[①]

2. 具体制度

关于当选大法官的资格，1947年12月修正《司法院组织法》规定："一、曾任最高法院推事十年以上者；二、曾任立法委员九年以上者；三、曾任大学法律学主要科目教授十年以上者；四、曾任国际法院法官，或有公法学或比较法学之权威著作者；五、研究法学，富有政治经验，声誉卓著者。具有前项任何一款资格之大法官，总数不得超过总名额三分之一。"[②]以上五种当选资格，一、三、四项都是资深法律（法学）人士，而实际操作上极少有人以二、五两项资格当选大法官。这在一定程度上排除了非专业因素的干扰，确保了大法官的专业性。

释宪权与统一解释法令权均由大法官以大法官会议的形式掌理，其解释程序基本相同。依《司法院组织法》第3条第2项，司法院院长为大法官会议主席，而依司法院1948年9月自定的《大法官会议规则》第11条，司法院院长因事不能主持大法官会议时，由大法官互推一人为主席；大法官会议接受解释申请后，先依次轮交大法官一人审查，再由全体大法官共同审查，最后提报大法

---

① "司法院史实纪要编辑委员会"编：《司法院史实纪要》，第1179页。起初大法官会议并不能受理公民个人释宪申请，后来才逐渐补充、完善之。

② 夏新华等整理：《近代中国宪政历程：史料荟萃》，中国政法大学出版社2004年版，第1150页。

官会议处理。① 全体大法官审查之后，再提交由大法官会议（其成员为全体大法官，再加上担任会议主席的司法院院长）审议；司法院院长如果不并为大法官，则在大法官会议中没有表决权。这样的设计，隐含着大法官集体抵制单纯政治任命、缺乏专业背景的司法院院长（或副院长）以大法官会议主席身份插手解释权行使的意思。与上述1947年最高法院全体推事集体抵制司法院改制相较，大法官表现得毫不逊色，且更具策略。

（三）解释法令权与释宪权的此消彼长

起初，审判权与解释权相较，大家更看重审判权；法令解释权与宪法解释权相比则更重前者。有人认为解释工作太少，没有必要专设大法官，"行宪"后的司法院"走了样子"，大法官"不仅失去其重要性，且亦变为无事可做之'闲员'、'赘官'了"。②法令解释权由大理院、司法院先后行之有年，比较实在；抽象的释宪权是全新的，又容易受到政治影响，在德国宪法法院创立之前，世界上也没有成功的范例可资仿效，不免令人怀疑。

事实上，司法院大法官解释法令权必将渐趋限缩。训政时期，由于当时六法不备，法官素质不高，"解释机关不得不与审判机关分别用抽象解释和具体解释的方式，来满足移植西方法制初期'法律控制'的强烈需要"。而随着法律的完备和司法人员总体素质的提高，必将由"解释指导"过渡到"独立审判"；解释机关的

---

① "司法院史实纪要编辑委员会"编：《司法院史实纪要》，第1194页。
② 雷震：《制宪述要》，香港友联出版社1957年版，第41页。

抽象解释"病于空疏、僵硬，逐渐被具体解释形成的判例代替"。①再有，训政时期是司法院院长/副院长与最高法院共享统一解释法令权，"行宪"之后，司法院大法官不直接掌理民事、刑事、行政审判，却专有统一解释法律、命令之权，这极容易与（民刑事）最高法院、行政法院之判例与法律见解发生重叠和冲突。大法官在统一解释法令方面，不得不自我抑制，以避免伤害到最高法院与行政法院的权威。②大法官会议在法律、命令控制上可资发挥功能之处逐渐限缩于补充审判机关的不足，统一多元裁判体制下不同裁判机关的法律见解，以协调最高法院、行政法院之间的积极和消极裁判冲突。但参考德国"最高级法院联合庭"的例子，该冲突解决机构从1968年设置到1982年间，只做成13件决定，可见实际需要非常有限。③至于大法官会议的释宪功能，则渐趋重要。

四、多元的司法审判体系

比较各国司法制度，司法审判体系有一元和多元之分。英美采用的是一元的司法体系，即所有的诉讼案件，不分民刑、行政或宪法争讼，均由统一的司法体系管辖，其最高法院是真正唯一

---

① 苏永钦：《从体系功能观点看大法官会议的改革方向》，载苏永钦：《宪法与社会文集》，（台北）自刊1988年，第20—21页。
② 翁岳生：《大法官功能演变之检讨》，载翁岳生：《法治国家之行政法与司法》，台湾月旦出版社1994年版，第440—441页。
③ 苏永钦：《从体系功能观点看大法官会议的改革方向》，载苏永钦：《宪法与社会文集》，（台北）自刊1988年，第21页。

的"最高"的审判机关(终审机关)。与之相对的欧陆传统,则是普通民刑诉讼与行政诉讼以及其他诉讼多元并行的司法体系,如法国便是普通法院与行政法院并行,更典型的是德国。在德国,民刑诉讼由普通法院管辖,终审机关为最高法院;而行政诉讼由行政法院管辖,财税争讼由财务法院管辖,劳工诉讼由劳工法院管辖,社会福利问题由社会安全法院管辖,这些专业法院自成系统,有其各自的终审机关。① 各个法院系统之间互不统属,各司其专业审判领域,这就是典型的多元司法审判体系。日本在第二次世界大战前仿行欧陆的多元审判体系,战后则参照美国,实行一元的审判体系。尽管司法审判体系有一元与多元之分,但事实上,由于各种审判业务的差异,即使在实行一元化审判体制的英美法系各国,其一元化也往往没有那么彻底。例如英国目前已设有大量与普通法院并行的行政裁判所;美国在联邦法院体系中也设有海关法院与专利上诉法院等特别法院。②

民元约法之所以承认人民有行政诉讼之权,并将其与普通诉讼分流,乃是直接继受日本,间接继受法、德诸国。早在清末(宣统二年),宪政编查馆所上奏的"(修正)宪政逐年筹备事宜"清单中,便有"颁布行政审判院法,设立行政审判院"一项。③ 1914年5月,袁世凯以总统教令的形式先后发布《平政院编制

---

① 德国多元的司法系统参见[德]罗伯特·霍恩等:《德国民商法导论》,楚建译,中国大百科全书出版社1996年版,第29—36页。
② 参见苏永钦:《司法院的重新定位》,载苏永钦:《司法改革的再改革》,台湾月旦出版社1998年版,第248—249页。
③ 参见故宫博物院明清档案部编:《清末筹备立宪档案史料》(上册),中华书局1979年版,第91页。

令》《纠弹法》《平政院处务规则》和《行政诉讼条例》，平政院成立。平政院并非纯粹的司法机关，它直接隶属于大总统，与行政权"似离又即"。①平政院组成人员有：院长 1 人，负责指挥、监督全院事务；评事 15 人，负责审理行政诉讼和纠弹案件；肃政厅虽设于平政院，但独立行使职权，其长官为都肃政史，有肃政史编制 16 名，掌官吏纠弹。平政院由评事 5 人组成合议庭审判，审理行政诉讼或肃政史提出的纠弹案；肃政史需依法提起行政诉讼、纠弹官员违法失职、监督平政院判决。②在行政诉讼中，肃政史与平政院的关系类似于检察官与法院的关系；在纠弹案件中，肃政厅与行政法院的关系又类似于后世国民政府五院体制下的监察院与司法院下的公务员惩戒委员会的关系。1916 年，袁氏帝制失败，接任总统的黎元洪明令恢复民元约法旧制，同年 6 月 29 日，肃政厅裁撤，《纠弹法》废止，监察权回归国会，平政院失去察理纠弹权，成为单纯的行政裁判机关。③

南京国民政府依然采用了多元的审判体系，司法院内设最高法院、行政法院与公务员惩戒委员会，分掌民刑诉讼、行政诉讼与公务员惩戒。司法院内设最高法院掌民刑案件终审（是民刑事的最高审判机关），行政法院负责行政诉讼（一审终审），公务员惩戒委员会审议公务员惩戒案件。某种意义上说，民初平政院的

---

① 黄源盛：《平政院裁决书整编与初探》，载氏著：《民初法律变迁与裁判》，台湾政治大学法学丛书编辑委员会 2000 年版，第 144 页。

② 参见罗志渊编著：《近代中国法制演变研究》，台湾正中书局 1974 年版，第 409—412 页。

③ 参见"监察院实录编辑委员会"编：《国民政府监察院实录（一）》，（台北）自刊 1981 年，第 27 页。

职权被一分为三，行政法院司行政审判，监察院代替肃政厅掌纠弹官吏违法失职，公务员惩戒委员会则对官吏违法失职事件进行审查处理。沿袭北洋旧制，最高法院法官称"推事"，行政法院法官称"评事"，公务员惩戒部门则另采委员制。最高法院院长、行政法院院长、公务员惩戒委员会委员长综理各自院（会）的行政事务。①

清末以来中国仿行大陆法系独立的行政诉讼制度，原因之一是德、日政治社会背景与我们更为接近，都是政府威权传统浓厚的国度，将行政审判独立于普通法院之外，更有利于保护人民权利和提高行政效率。制宪者从五五宪草时期便试图将行政诉讼归并到普通法院一体管辖，建立一元的审判制度，1946年制宪时更明言仿行美国最高法院制度，但并未真正实行。其实从北洋时期的平政院到南京国民政府时期的行政法院，与民刑分流的行政诉讼体系行之有年，并无大碍，很难轻易改弦更张。日本二战后改采一元审判体制，行政诉讼长期"积弱不振"，便是反例。② 如果行政诉讼由普通法院管辖，而法院却不愿或无法对抗强大的行政部门，它可以消极对待行政诉讼，将其审判业务集中于民、刑领域；如果由独立的机关（行政法院）专司行政诉讼，一方面作为特设机关可获得较大的权威，另一方面也无法回避其专职的裁判业务。

中国自古特重吏治，官员纠弹惩戒制度由来已久，不管是古

---

① 参见"司法院史实纪要编辑委员会"编:《司法院史实纪要》，第7页。
② 参见苏永钦:《宪法解释方法上的错误示范》，载苏永钦:《走入新世纪的宪政主义》，台湾元照出版有限公司2002年版，第393页。

代的御史台、都察院，还是民初的平政院、肃政厅，都延续着这一职能。南京国民政府时期，初由监察院掌纠弹，司法院内设公务员惩戒委员会掌惩戒，五五宪草将其改为由监察院统一掌理纠弹和惩戒；1946年《中华民国宪法》中公务员惩戒权又回归司法院，这应该与惩戒职能的准司法性有关。

五、小结

在中国法制近代化的过程中，某一欧美强国的制度常常被作为"样板"来仿效。但从比较法的观点来看，不同的国家有不同的制度选择，没有绝对的"好坏"之分。

近代中国的司法史看似反复无常，其实自有规律可循。制度的形成在原初或者有选择的可能，之后便常常会路径依赖；可以移植、嫁接制度的幼苗，然而成熟的制度一定是在自己的土地上逐渐长成的。从清末司法改革到1947年颁布《中华民国宪法》、修正《司法院组织法》，历经几十年的演变，中国形成了特有的最高司法机关模式——司法院。可以说，在1946年《中华民国宪法》通过之前，司法院体制已经渐趋成熟。宪法创设了大法官，并赋予其释宪之权，但却无法另起炉灶，根本改变既有的中央司法体系传统。司法院的范式如下：

1. 司法行政权的特殊安排

司法行政权的安排与司法审判工作的质量息息相关，处于行政体系下的司法（行政）部权力过大，可能影响法官独立审判。20世纪以来欧美有将司法行政权交由法界人士组成的司法会议

（司法委员会）管辖的趋势，近代中国则尝试将司法行政权交由司法院掌理，以打造所谓"最高司法机关"。最高审判权与司法行政权是否合一是国民政府制宪时反复争论的问题，但事实上司法院院长并不直接从事审判工作，所以最高审判权与司法行政权并未真正合一，而且二者自清末司法改革以来几乎从未合而为一，掌理司法行政权的司法院院长并不能染指审判，这样的制度安排也就无影响审判独立之虞。

2. 最高司法机关独特的规范审查权（抽象解释权）

最高司法机关规范审查权的获得源于其特殊的历史背景，后世相沿并加以发展，乃渐成传统。民初因为六法不备，只能通过大理院行使解释权以补充制定法。司法院继承了大理院统一解释法令权，并通过制宪将其规范控制权扩展到宪法解释领域。而随着法制的渐趋完备与政治、社会的发展需要，规范审查权的重心也由统一解释法令转向释宪。

3. 行政法院、公务员惩戒机关与普通法院并行的多元裁判体系

民初大理院、平政院（肃政厅）分立开了日后司法院内最高法院、行政法院和公务员惩戒委员会并行的先河，尽管一直存在争议，但这样的制度安排始终沿袭未改。与英美传统不同，中国长久以来政府（包括其官员）与百姓个人很难说是平等的主体，排除普通法院管辖权，而由特定的司法机关（或准司法机关）掌理行政诉讼和公务员惩戒或者是一个比较好的制度设计。

第五章　近代中国审级制度的变迁：
理念与现实

审级制度的合理安排是实现司法正义理想与国家司法统一的前提。审级制度包括两个问题：从中央到地方各级法院的配置（"几级法院"？）与复审的次数（"几审终审"？）。一般而言，审级越多，复审（复核）的可能次数就越多，司法裁判便越审慎，判决最终实现司法正义的可能就越大；而复审次数越多，上级法院（特别是最高法院）参与复审（终审）的概率也越高，越有利于实现司法统一。但法谚有云，"迟到的正义是对正义本身的否定"（Justice delayed is justice denied），审级过于繁复很可能造成司法的无效率，反而妨碍了司法正义的实现。就现实而言，一国之内各级法院的普设与复审次数的安排一方面要与该国既有的版图与垂直的政府组织结构①相配合，另一方面也受到现实的人才、经费与交通状况的制约。中国从清末到1949年以前的审级制度变迁也反映了以上问题：在"学习西方"，具体说是学习大陆法系司法体制的大背景下，近代中国创设了"与西方接轨"的审级制度，

---

① 所谓"垂直的政府组织机构"，也即从中央到地方各级政府组织（如省、市、县）的建制与权力分配。法院的体系因联邦制与单一制国家结构而不同，其审级也常常受到地方建制的影响。

可审级制度改革（也包括整个司法改革）的理念由于政治与社会的局限却无法真正变为现实，甚至理念与现实截然对立，以致制度不得不设置例外、法外造法，以迁就现实。但政府也念念不忘司法改革的理想，还创设了各种变通的制度与机构以谋求补救。终民国之世，虽然原则上贯彻了三审终审的制度，但省以下地方各级法院的搭建却始终未能上轨道。"困窘与挣扎"成为近代司法改革的主题词。

一、清末司法改革：从"六级六审"到"四级三审"[①]

与一般想当然的看法（如"中国古代司法不讲程序、草菅人命"）不同，中国古代的审级制度的设计集中体现了"慎刑"的思想。以清代为例，发生在地方的死罪案件往往需要经过州县→府→（道）[②]→按察司（"臬司"）→督抚→刑部/三法司[③]前后六级六审方可完结，最后还需送皇帝圣裁（勾决），等于七级七审。徒罪以上案件，不论被告是否服判，都必须解送上司衙门复审，其中相对较重的案件（除无关人命的寻常徒罪案件之外）至督抚尚

---

① 古代中国的审理层级与现代审级制度有所差异，因古代是"逐级转审""审而不判"。（相关论述可参见郑秦：《清代司法审判制度研究》，湖南教育出版社1988年版。）
② 案件复审有时经由"道"，有时则否。
③ 寻常死罪案件通常由三法司奉旨审核，而情节重大的死罪案件则往往由刑部奉旨复核。之所以如此安排，是因为情节重大的死罪案件往往是"必死"之罪，比较容易处理；而寻常死罪案件罪犯"在生死之间"，需要三法司会商处理。这也体现了"慎刑"的思想。

不能结案，还需上报中央的刑部核覆。① 这可能是全世界最慎重的复审制度。可审级的"叠床架屋"，不仅导致终局裁判的迟延，事实上也无益于发现案情真相与最终实现司法正义。所谓六级六审大都流于形式、"形同唱戏"。究其缘由，除了外在的因素（如官场氛围等）之外，各级审判官员（除刑部司员外）大都以行政而兼理司法，他们本身并非专家，往往要仰仗幕友，更受制于书吏，而各级官员的书吏上下一气、因循苟且，便造成司法的僵化与整个司法机制的最终失灵。杨乃武与小白菜一案便是司法机制失灵的典型例子，案情本身并不复杂，可县官初审的失误却无法被层层的复审所发现，上下蒙蔽、包庇，最终酿成中外闻名的滔天大案。

有人总结说："吾国往时，司法与行政不分，民事与刑事不分，检察与审判不分，所谓司法制度，即行政机关审理制度之级数耳……此种制度，重视人命，是其所长，随时可以翻覆，积案不结，又是其短，且最后决定，出君主一人独裁，尤与近代合议制之审判大背。"②

在西潮的冲击下，1902年清廷开始变法修律，其中的一大动机是借此废除领事裁判权。时人认为造成列强在中国坚持领事裁判权的原因，是因为清朝法律不良、刑罚严酷、司法行政不分，以及司法审判中漠视程序、民刑不分、滥用刑讯等等，因而也就以为修订法律、改良司法之后，列强能自动放弃领事裁判权。

---

① 相关制度参见那思陆：《中国审判制度史》第11章"清代的审判制度"，台湾正典出版文化有限公司2004年版。至于民事案件，则往往由州县官一审审结，但也可沿府、道上诉至省的布政使（"藩台"），甚至诉到中央的户部。

② 王用宾：《二十五年来之司法行政》，司法行政部1936年版，第8—9页。

而列强对此也有允诺①，日本更有变法维新后废除领事裁判权的先例。

1906年清廷仿行宪政、改革官制，下诏："刑部，著改为法部，专任司法；大理寺，著改为大理院，专掌审判。"② 同年，大理院上《审判权限厘定办法折》，建议采纳以日本为代表的所谓"外国通例"，实行四级三审的审级制度。之所以选择日本或者说大陆法系的司法审判体制，究其缘由，其一，司法改革是晚清仿行宪政运动的一部分，当时日、德是君主保留了大权的所谓二元制君主立宪国，这与英国"虚君"的议会君主立宪体制迥异，更符合清王室的利益，所以在整个制度引进中晚清政府倾向于向日、德学习；其二，就政治社会传统来说，日、德两国均有政府威权色彩浓厚的特色，与英国"小政府、大社会"的传统不同，更符合中国的国情；其三，日本与中国相邻，文字也有接近之处，便于学习，而且日本由于变法维新以小国战胜大国俄国的经历也深深震动了中国人，通常我们也认为中国在法律现代化的过程中选择大陆法系的体制，是直接习自日本，间接取自德国。

1907年11月法部奉旨颁行《各级审判厅试办章程》，尝试在大理院以下，在地方设立与各级行政机关分立的各级审判厅。

---

① 首先做出这种承诺的乃是第一个在中国攫取领事裁判权的英帝国。光绪二十八年八月签订的《中英续议通商行船条约》第十二规定："中国深欲整顿本国律例，以期与各西国理论改同一律。英国允愿尽力协助以成此举。一俟查悉中国理论情形及其审断办法，及一切相关事宜皆臻妥善，英国即允弃其治外法权。"（参见朱寿朋编：《光绪朝东华录》（第5册），光绪二十八年八月，中华书局1958年版。）翌年与美、日、葡等国签订的条约中，亦有内容几乎完全相同的条款。

② 《清实录》第五十九册《德宗景皇帝实录》（八），卷五六四，中华书局1987版，第468页。

第五章 近代中国审级制度的变迁：理念与现实

1910年，清廷正式颁布《法院编制法》，仿行日本、德国体制，建立了四级三审的司法体系。[1] 该法规定于中央设立大理院、各省设高等审判厅、各府（或直隶州）设地方审判厅、各州县设立初级审判厅以审理民刑案件；相应地，设立总检察厅和各级检察厅以行使检察职权。这就打破了数千年传统的司法、行政合一体制。在四级三审制下，轻微的民刑案件由初级审判厅作为一审法院，并可经过上诉程序，地方和高等审判厅则分别为二审和终审法院；其他相对较重大案件则由地方审判厅为一审法院，可依次上诉至高等法院和大理院。

"四级三审制度与六级六审制比较起来，级数即减少了三分之一，审判次数更减少了一半了"，这一安排"是比较适合晚清中国国情的"；[2] 更重要的是，地方各级司法机关得以独立，这改变了以往由地方各级行政机构的"正印官"兼理司法的传统，极大地促进了司法的专业化；检控机关也实现了与审判机关的分离，保证了诉讼中审判官的相对中立性。

在1911年辛亥革命之前的短短几年里，清廷在各省省城商埠设立了各级审判厅。可四级三审的新式审判体系推行之初，便陷入司法经费拮据与合格司法人员缺乏的窘境。晚清捉襟见肘的财政无法支付各级审判厅（法院）建筑与维系其正常运转的费用（如审判官的薪资），法部编订的司法经费预算表形同虚文。尽管废除科举后，学习法政成为"干禄之终南捷径"，但社会上有真才

---

[1] 参见李启成：《晚清各级审判厅研究》，北京大学出版社2004年版，第66—81页。

[2] 参见李启成：《晚清各级审判厅研究》，北京大学出版社2004年版，第81页。

实学的法律人才并不充足;传统司法体系中的人员充斥于各级新式审判机关,他们又成为新式法律人才进入审判机关的障碍。①《法院编制法》规定的四级三审制度并未得以落实,新式审判机构在全国绝大多数府厅州县未能设立,新设立的审判厅也纷纷面临经费与人才两大难题。

二、民国北京政府时期有名无实的"四级三审制"

辛亥革命之后的南京临时政府理论上暂行援用前清的《法院编制法》,实际上则并没有审级方面的统一规定,各地做法不一。孙中山本人则提倡四级三审制,认为不能因为前清采用该制便轻易废弃之,他还专门驳斥"轻案可以采取二审制"的看法是"不知以案情之轻重,定审级之繁简,殊非慎重人民性命财产之道,且上诉权为人民权利之一种。关于权利存废问题,岂可率尔解决"。②民国北京政府(北洋政府)成立后,很快在法制上对四级三审制度进行了修正,初级审判厅被裁撤,改由县知事兼理司法,在省高等审判厅之下设立了各种变通的审判机构。除了政治社会背景之外,这样的修正主要是由于人才与经费的局限。据统计,到 1926 年,除大理院与设于各省会的 23 所高等审判厅,以及位于通商要埠的 26 所高等审判厅分庭之外,在全国仅设立了 66

---

① 参见李启成:《晚清各级审判厅研究》,北京大学出版社 2004 年版,第 185—192 页。
② 《南京临时政府公报》第 34 号,转引自张生、李麒:《中国近代司法改革:从四级三审到三级三审》,《政法论坛》2004 年第 5 期,第 122 页。

所地方审判厅及 23 所地方审判厅分庭。县知事兼理司法衙门多达 1800 所。[①]

(一) 地方官制的改订与初级审判厅的裁撤

1914 年，为了集权于中央政府，大总统袁世凯下令改订地方官制，将清末以来的府、州、厅、县等各行政区域都归并为县级，中央到地方由原来的中央→省→（道）→府→厅/州/县五级改为中央→省→（道）→县四级。[②] "道"的性质为派出机构，在前清即并非案件审理的必经机关，"府"一级裁撤之后，《法院编制法》规定的各级审判厅与省、府、厅/州/县的对应关系也被打乱。同年 4 月，由于各省行政与军事长官的倡议，加上司法人才的缺乏与财政等现实因素的考量，政治会议裁撤了原初级审判厅。[③]《法院编制法》也进行了相应修订，改为于地方审判厅内设简易庭，受

[①] 数据参见欧阳正：《民国初期的法律与司法制度》，载那思陆：《中国审判制度史》，台湾正典出版文化有限公司 2004 年版，第 342—343 页。

[②] 参见欧阳正：《民国初期的法律与司法制度》，载那思陆：《中国审判制度史》，台湾正典出版文化有限公司 2004 年版，第 339 页。

[③] 当时由热河都统姜桂题发起，会同各省都督、民政长官，向中央提议，因经费和人才两方面的原因，主张分别裁留各省司法机关，具体方案是"地方初级审检两厅及各县审检所帮审员，均宜暂行停办，应有司法事件，胥归各县知事管理，以节经费。至于交通省份及通商口岸，仍设高等审检两厅，延揽人才，完全组织，以为收回领事裁判权之预备。"政治会议折中两个方案，做出决定："各省高等审检两厅，与省城已设之地方厅，照旧设立。商埠地方厅酌量繁简，分别去留。其初级各厅，以经费人才两俱缺乏，拟请概予废除，归并地方。"（参见李启成：《民初覆判问题考察》，载许章润主编：《清华法学》（第五辑），清华大学出版社 2005 年版，第 190—191 页。）

理原属于初级审判厅一审管辖案件,这其实是将同一法院强分为两级,以贯彻所谓四级三审之制,至此四级三审之制名存实亡。①

(二)四级审判机关之外的分支审判机关(分支法院)

北洋政府时期除大理院和高等、地方、初级审判厅之外,还设立了各种分支审判机关。凡此种种,皆因事实需要而变通设置。我国版图辽阔,而当时又交通不便,再加上大理院和高等、地方审判厅人力有限、案件积压,各级法院不得不在下级法院或官厅设立分支审判机关以解决现实的问题。

1. 大理分院

各省因距离北京较远或交通不便可以在其高等审判厅之内设置大理分院(《法院编制法》第40条)。大理分院得仅置民刑各一庭(《编制法》第41条)。大理分院推事除由大理院选任外可以由分院所在的高等审判庭推事兼任,但每庭兼任推事以2人为限(《编制法》第42条)。大理分院各庭审理上告案件如解释法令之意见与本庭或他庭"成案"有异,应函请大理院开总会审判之(《编制法》第44条)。②《法院编制法》第42条与第44条都是对变通设置的大理分院进行一定的规范。首先,兼任推事不得过半数③;其次,大理分院的裁判受到"成案"的约束,如果其裁判与"成案"不符,则应交由北京的大理院最终裁决。

---

① 王用宾:《二十五年来之司法行政》,司法行政部1936年版,第9页。
② 相关条文参见北京政府司法部编印:《改订司法例规》,司法部1922年版,第61—62页。
③ 大理院及大理分院审判实行合议制,以推事5人组成合议庭审判。

2. 高等审判分厅

高等审判厅为一省的最高审判机关，依《法院编制法》，"各省因地方辽阔或其他不便情形得于高等审判厅所管之地方审判厅内设高等审判分厅"（《编制法》第28条）。高等审判分厅对事的管辖权与高等审判厅本厅相同。高等审判分厅可置民事、刑事各一庭（《编制法》第29条）。高等审判分厅的推事（法官）除由高等审判厅选任之外，可以由分厅所在的地方审判厅或临近地方审判厅的推事兼任，但此种兼任推事，三人合议庭每庭以一人为限，五人合议庭以两人为限（《编制法》第30条）。① 从第30条的规定我们可以看出当时司法人员（推事）缺乏的现实，以至于高等审判分厅推事必须部分由分厅所在地方审判厅推事兼任，其所在地方审判厅推事不敷使用，甚至还可从临近地方审判厅借人。但《法院编制法》仍然试图对这种权宜的办法加以限制，故而规定兼任法官在合议庭中必须是少数。事实上，由于当时司法人才的缺乏，不仅需要由地方审判厅的推事兼差于高等分厅，也可能由高等审判厅的推事兼任于其附设的地方审判厅参与审判。这就造成一个问题：同一名推事可能先后参与同一案件的两级审判，当地方审判厅是第二审时，情况尤为严重，因为如果再由同一名推事参与高等审判分厅法庭作出第三审（终审）判决，等于在事实上剥夺了当事人通过上诉获得公平审判的权利，三审终审的制度有等同于二审终审的危险。当时湖北、江西、河南、陕西等省纷纷提出这个问题，北京政府于是通令各省高等审判厅分厅兼任地方

---

① 相关条文参见北京政府司法部编印：《改订司法例规》，司法部1922年版，第60—61页。

庭所为第二审判决之终审应划归高等审判厅本厅受理。① 由此也可看出北京政府在现实的局限之下仍试图贯彻现代司法的理念。

3. 设于道署的高等分庭与附设司法人员

道（守道）乃前清旧有的一级区域，民国成立，道存而未废，总计全国有九十余道。1913 年 1 月北京政府颁布《划一现行各道地方行政官厅组织令》，规定各道之长官为观察使；1914 年 5 月又颁行道官制，在各道设行政公署，其长官为道尹。② 道署是民国北京政府时期省与县之间的唯一行政组织，在各县与省城距离遥远，上诉不便的情形之下，于道署设立分支审判机构，是理所当然的选择。

1914 年 9 月 24 日，北京政府颁布《高等分庭暂行条例》，在《法院编制法》规定的高等审判分厅之外，又规定在距离省城较远的地方，可暂设高等分庭于道署所在地。高等分庭置推事 3 人，以合议方式审理案件。高等分庭对事的管辖权小于高等审判厅及其分厅，民事上诉讼标的与刑事上处罚超过一定限度，则由高等审判厅直接受理。但如有移送不便情形时，可以由高等审判厅委托高等分庭代为受理，但其判决仍由高等审判厅核定后方可宣告；当事人若不愿由高等分庭代为受理，也可声明抗告。③

于道署（道尹公署）附设司法人员，乃"补救办法中之补救办法"。由于财政与人才的局限，在全国省与县之间的广大区域里，高等审判厅分厅与分庭并未普遍设立，地方审判厅的设置也

---

① 参见北京政府司法部编印：《改订司法例规》之"高等厅兼任地方庭所为第二审判决之终审划归本厅受理文"，司法部 1922 年版，第 475—478 页。
② 参见钱端升等：《民国政制史》（下册），上海世纪出版集团、上海人民出版社 2008 年版，第 480—482 页。南京国民政府成立后，道署在各省先后被废止。
③ 参见钱端升等：《民国政制史》（下册），上海世纪出版集团、上海人民出版社 2008 年版，第 457—460 页。

是极少的例外。"人民上诉每感不便，中央为谋补救计"，令各省高等审判厅，就省内各县指定若干县，使其可以受理临县的上诉案件。[①]但各县级别相同，以甲县作为乙县之上诉机关，其审理上诉之时，难免有因循顾忌之虞。"另置上诉机关之需要日急一日"，于是改为在道署设置司法人员以受理一定范围内的上诉案件。该设置以"去省较远而附近又无上诉机关之道"为限，其对事的管辖权受到一定限制，并且规定一旦各处高等分庭设置成立，该司法人员便应立即裁撤。[②]

4. 地方审判厅分庭[③]

地方审判厅分庭之制始于1914年，当年初级审判厅裁撤，地方审判厅受理案件骤增，诸多积压；且初级案件归并地方审判厅为第一审，其第三审均上诉于中央的大理院，"不胜其烦"。于是司法部于同年3月13日饬令前京师地方审判厅在初级审判厅原署设立地方分庭，将初级案件归其管辖。第二年5月7日司法部又通令各省仿造京师办法一律设置地方审判厅分庭。到1917年4月22日司法部厘定《暂行各县地方分庭组织法》第14条，颁行各省，将此项制度推及各县。至此，所有已设地方法院区域内均得于附近各县政府内设置地方分庭，以县行政功能区域为其管辖区域，即称为某地方审判厅某县分庭（《地方分庭组织法》第1、2条）。在其管辖

---

① 当时还订立了《邻县上诉制度暂行章程》。(参见北京政府司法部编印：《改订司法例规》，司法部1922年版，第501—502页。)

② 参见钱端升等：《民国政制史》（下册），上海世纪出版集团、上海人民出版社2008年版，第460—461页。

③ 参见秦烛桑编述：《法院组织法》，北京中国大学讲义1942年版，第123页；《（司法部）筹设地方简易庭通饬》与《暂行各县地方分庭组织法》参见北京政府司法部编印：《改订司法例规》，司法部1922年版，第76—78页。

区内原属于初级或地方审判厅第一审管辖的民刑案件,均归该分庭审理(《地方分庭组织法》第 3 条)。对于分庭判决的上诉,原初级一审管辖案件上诉于地方审判厅,地方审判厅一审管辖案件则上诉于高等审判厅或其分厅(《地方分庭组织法》第 5 条)。

(三)审判厅之外的县级审判机关

1. 审检所[①]

民国草创,各县并未普设初级审判厅,1912 年 3 月在未设初级审判厅之县,开始设立审检所。审检所附设于县政府之内,除县知事外,设帮审员 1—3 人。帮审员之职务为办理其管辖境内之民刑事初审案件,办理邻县审检所之上诉案件。帮审员除审理诉讼外,不可兼任本县之行政事务。检察事务则由县知事掌理。对于帮审员的裁决的上诉,原初级一审管辖案件上诉于地方审判厅,其距离地方审判厅较远者可上诉于邻县之审检所;地方审判厅一审管辖案件则上诉于高等审判厅或其分厅。1914 年 4 月县知事兼理司法制度颁行后,审检所制度即被废弃。

2. 县知事兼理司法

1914 年 4 月的政治会议裁撤了初级审判厅,同月,北洋政府颁布了《县知事兼理司法事务暂行条例》和《县知事审理诉讼暂行章程》,规定凡未设审判厅各县,第一审应属初级或地方厅管辖之民刑诉讼均由县知事审理(《县知事审理诉讼暂行章程》第 1 条)。因县知事事务繁忙、无法专注于司法审判,县政府内又设承

[①] 参见钱端升等:《民国政制史》(下册),上海世纪出版集团、上海人民出版社 2008 年版,第 614 页。

审员1—3人，助理县知事以审理案件。承审员由县知事呈请高等审判厅厅长核准委用，在事务较简之地方，亦可暂缓设置（《县知事兼理司法事务暂行条例》第4条）。设有承审员各县，属于初级管辖的案件由承审员独自审判，用县政府名义行之，但由承审员独自承担责任；属于地方管辖的案件，可由县知事交由承审员审理，其审判由县知事与承审员共同承担责任。①

县知事作为一县之行政长官而兼理司法，其对于司法事务很难兼顾，更有复辟前清地方官集行政、审判与检控权于一身之嫌；助理其之承审员司法素质与独立性均堪忧，其承审诉讼难免有错误及不公之情形。②1914年9月，也就是在县知事兼理司法制度实行后不到半年，北洋政府即颁布《覆判章程》，规定由县知事审理的刑事案件无论被告人上诉与否，都须限期将案卷等移送高等审判厅或其分厅审查（"覆判"），以济兼理司法之弊。③

3. 县司法公署④

为了进一步革除县知事兼理司法之弊，1917年5月北京政府

---

① 参见秦烛桑编述：《法院组织法》，北京中国大学讲义1942年版，第120页。

② 民初以来长期任职于司法部门的阮毅成总结兼理司法制度有如下几点弊端：其一，"以一县之大，由一二承审员包办民刑诉讼、履勘、验尸、执行判决，职重事繁，难期'妥'、'速'"；其二，承审员待遇清苦，且不具备法官身份，以致"中才之士"也不愿任承审员；其三，县长往往干预司法，以彰显其"威信"；其四，县政府为行政机关，县长为了达到行政目的，可能会结交、迁就士绅，由此影响承审员公平判决。（参见韩秀桃：《司法独立与近代中国》，清华大学出版社2003年版，第283—284页。）

③ 参见李启成：《民初覆判问题考察》，载许章润主编：《清华法学》（第五辑），第187—203页。

④ 参见秦烛桑编述：《法院组织法》，北京中国大学讲义1942年版，第121—123页；《县司法公署组织章程》参见北京政府司法部编印：《改订司法例规》，第78—79页。

颁布《县司法公署组织章程》,① 规定凡未设初级审判厅之县原则上应设立县司法公署(《章程》第1条)。② 立县司法公署所在地的所有初审民刑案件,不分案情轻重均归该公署管辖(《章程》第4条)。县司法公署设于县行政公署内,由1—2名审判官与县知事组织之(《章程》第2、4条)。审判官由高等审判厅厅长依《审判官考试任用章程》办理,并呈由司法部任命之(《章程》第5条)。关于审判事务概由审判官完全负责,县知事不得干涉;关于检举、缉捕、勘验、递解、刑事执行及其他检察事务,概归县知事办理,并由其完全负责(《章程》第7条)。《县司法公署组织章程》长期只是具文,以至于时人批评说正是《章程》第1条所谓的"原则"规定造成了"例外"的滥用。③ 直至1922年后各县始有设立,南京国民政府成立后相沿未改。④

---

① 依钱端升等所著《民国政制史》,县司法公署制度始于民国1914年审检所废止后,与县知事兼理司法制度同时产生;在制度上前者是原则,后者为例外(参见该书下册,第614—615页);但王用宾、秦烛桑等人均认为县司法公署之创设乃是济县知事兼理司法制度之弊,始于1917年。考虑到《县司法公署组织章程》颁布于1917年,本文采用后一种说法,认为县司法公署制度后于县知事兼理司法制度而创设。

② 《章程》第1条原文为:"凡未设法院各县应设司法公署。其有因特别情形不能设司法公署者,应由该管高等审判厅厅长、高等检察厅厅长、或司法筹备处处长、或都统署审判处长具呈司法部,声叙窒碍缘由,经核准后得暂缓设置,仍令县知事兼理司法事务。"

③ "其章程第一条,即明定得因特殊情形呈准缓设,而开方便法门,而各省多借词不办,其已筹办之少数省份,率复旋即废止,无人理会,……是故终北京政府时代,全国兼理司法之县数恒在百分之九十以上。"(王用宾:《二十五年来之司法行政》,司法行政部1936年版,第16页。)

④ 参见钱端升等:《民国政制史》(下册),上海世纪出版集团、上海人民出版社2008年版,第615页。

三、南京国民政府时期的"三级三审制"

1927年南京国民政府成立之初,四级三审制在法制上并未立刻变动,只是改称大理院为最高法院,各级审判厅改称法院。1932年10月28日,南京国民政府公布《法院组织法》,根据该法将改行三级三审制,从中央到地方设最高法院、高等法院、地方法院三级,以三审为原则、二审为例外。① 地方法院审理案件原则上取独任制,高等法院审判案件为3人合议,最高法院为5人合议审判(《组织法》第3条)。该法颁布后政府迟迟未将其予以施行,其主要的障碍便在于无法普设地方法院。直至1934年底,新法仍无法贯彻,于是缩小地方法院权限,增设高等法院分院,以变更管辖。到1935年6月11日,政府明令该法于同年7月1日施行;旋即又于当月18日由司法部颁布训令,准予广东等九省暂缓一年施行。② 截至1947年,全国设立37所高等法院和119所高等法院分院,只有748个县设立了新式的地方法院,绝大多数的县份仍未能建立新式的法院。③ 检讨南京国民政府时期的审级制度,除了对此前北京政府的制度进行有限的修补之外,连在《组织法》上改名存实亡的"四级三审制"为"三级三审制"本身也算不得什么了不起的变革。这段时间的主要问题如下:

---

① 参见郑保华:《法院组织法释义》,上海会文堂新记书局1936年版,第58—59页。
② 参见钱端升等:《民国政制史》(下册),上海世纪出版集团、上海人民出版社2008年版,第251、306页"注196"。
③ 数据参见谢冠生:《战时司法纪要》,司法行政部1948年版,"二、"之第1页。

（一）县行政长官兼理司法问题

肇始于北洋政府的县行政长官兼理司法制度，其明显弊端至少有三：其一，审检混合不分；其二，承审员位卑俸低、素质堪忧，司法易受行政牵制；其三，律师制度之不适用。① 尽管北洋政府创设了县司法公署以济其弊，但其设置并不普遍，直至1936年全国由县长兼理司法者尚有1436县。② 1929年司法行政部编订《训政时期工作分配年表》，本有分年筹设全国地方法院之六年计划，并以县法院为其过渡组织，但"计划自计划，事实自事实"，到1935年六年期满，计划全部落空；1932年颁布之《法院编制法》第9条所谓于各县市设立地方法院也只停留在纸面上和理论上。③

但政府也并非完全无所作为，1933年国民政府考试院公布《承审员考试暂行条例》，通过资格考试对于（助理县长进行审判的）承审员资格进行限制。以中国之大，兼理司法县份之多，普设地方法院于各县明显无法一蹴而就，作为一种过渡的办法，司法行政部草拟了《县司法处组织暂行条例》，并经立法院于1936年3月27日通过，当年7月1日公布施行，"其编制及法意与民国六年五月间公布之县司法公署组织章程，有相似之处"。④ 根据

---

① 参见郑保华：《法院组织法释义》，上海会文堂新记书局1936年版，第303—305页。
② 数据参见王用宾：《二十五年来之司法行政》，司法行政部1936年版，第19页。
③ 参见王用宾：《二十五年来之司法行政》，司法行政部1936年版，第16—17页。
④ 参见郑保华：《法院组织法释义》，上海会文堂新记书局1936年版，第309页。

该条例，凡未设法院各县之司法事务，暂于县政府设司法处处理之（《条例》第 1 条）。县司法处置审判官，独立行使职权（《条例》第 2 条）。审判官由高等法院院长于具备相当法律专业资格的人员中选取并呈请司法行政部核准任命，这与原兼理司法制度下承审员由县长（县知事）提请高等法院院长（高等审判厅厅长）任命相较，任命条件与程序更为严格；审判官享受荐任官待遇，根据国民政府官制，这意味着其与县长平级（《条例》第 5 条）。县司法处检察职务则由县长兼理（《条例》第 4 条）。立法院在通过该条例时增订一条，明定其施行期间以三年为限（《条例》第 13 条）。立法院法制委员会委员吴经熊对该条例草案的审查报告称：

> 县长兼理司法，确为一种畸形制度，久为世人诟病，自法院组织法公布施行后，原期将此种畸形制度一举而廓清之，但因经费人才关系，各县多不能普设法院，以致县司法仍由县长兼理。在此过程中，仍在未设法院之县，暂设司法处，确定审判独立原则，藉培将来设法院之初基。同人明此种过渡办法，并非施行法院组织法之真精神，惟较县长兼司法似有进步，且仅规定施行期为三年。在三年之内仍请司法行政两院妥筹司法经费，健全法院之组织。①

司法行政部于《县司法处组织暂行条例》颁布后，根据三年的时限通令各省高等法院，自 1936 年 7 月 1 日至 1937 年 12 月底，以 6 个月为一期，分期将各省所有兼理之县改设县司法处；自 1938 年 1 月 1 日起至 1939 年 6 月底，以 6 个月为一期，分期将各

---

① 转引自郑保华：《法院组织法释义》，上海会文堂新记书局 1936 年版，第 309—310 页。

省所有县司法处改制为地方法院。① 根据"各省第一期改设县司法（处）一览表"，第一期全国共改设司法处384县，其中，1936年7月1日山东、甘肃、陕西三省即全数改设县司法处完毕；国府所在的江苏省则免于改设县司法处，直接开始分期改设地方法院；但仍有7省尚无动作或未将数据呈报司法行政部。② 很快，日军侵华的烽火打乱了司法行政部的计划，我们现在无从得知如果没有战争，三年计划能否实现，但可推知，第二阶段计划的在全国各县普设地方法院的难度会比设立县司法处大很多。

到1946年全国除新疆外，县长兼理司法制度已一律废止，③ 当年统计在案的有992个县是由附属于县政府的司法处兼理司法。④ 1947年全国司法行政检讨会议以县司法处为过渡组织，建议司法行政部定期一律改为正式法院。⑤ 但建议归建议，现实归现实，南京国民政府统治的最后两年在建设地方法院方面并无大的进展。

（二）分支法院问题

与民国北京政府时期类似，南京国民政府依然设有各种分支法院，其设置的法定理由仍为"区域辽阔"，两个时期的法律条文

---

① 参见王用宾：《二十五年来之司法行政》，司法行政部1936年版，第18页。
② 统计表参见王用宾：《二十五年来之司法行政》，司法行政部1936年版，第21—23页。
③ 参见谢冠生：《战时司法纪要》，司法行政部1948年版，"二、"之第1页。
④ See Ch'ien Tuan-sheng, *The Government and Politics of China*, Harvard University Press, 1950, p. 254.
⑤ 参见谢冠生：《战时司法纪要》，司法行政部1948年版，"二、"之第1页。

内容也很接近。如地方法院分院(《法院组织法》第 9 条)、高等法院分院(《组织法》第 16 条)。制定《组织法》时,在最高审判机关(最高法院)是否可以设置分院的问题上存在争议。一方面,"我国幅员辽阔、诉讼繁多,若终审案件,均以中央政府所在地之最高分院为汇归,深恐寄递稽迟、案件积压,在民事则难免时过境迁、纠纷逾甚,在刑事则更或停囚待决、瘐毙堪虞。故由人民方面言之,尤见最高法院分院有不得不设之势。"[①] 可见这也是一种司法便民的举措,但是民国经历了二十几年的建设,到南京国民政府时期交通邮政状况也有所改善,而最高审法院设置分院在理论与实践上均有害于法制的统一。1930 年 4 月司法院草拟了《法院组织法草案》,中央政治会议据此开列的立法原则第六项规定,"在交通未发展以前,得于距离中央政府所在地较远之处,设立最高法院分院,但关于统一解释法令之事项,应加以限制"。[②] 这是为了避免司法解释不统一造成司法实践领域的混乱。到 1932 年 7 月,司法行政部部长罗文干又拟具《法院组织法立法原则修正案》及说明理由,其中一项是"最高法院不设分院",由行政院转呈中央政治会议重付讨论;于是中央政治会议便将"最高法院之唯一"列为《法院组织法》制定的原则之一,1932 年 10 月颁布的《法院组织法》最终不再设置最高法院分院。[③]

---

① 参见谢振民:《中华民国立法史》(下册),中国政法大学出版社 2000 年版,第 1043 页。

② 参见谢振民:《中华民国立法史》(下册),第 1043 页。关于(司法院设立之前)最高法院统一解释法令之权,可参见聂鑫:《民国司法院:近代最高司法机关的新范式》,《中国社会科学》2007 年第 6 期。

③ 参见谢振民:《中华民国立法史》(下册),中国政法大学出版社 2000 年版,第 1045—1049 页。

（三）二审终审抑或三审终审的争议

本文开篇便提及审级并非越多越好，多设审级有利于法院管辖权的划分①与人民上诉权的保障；但审级的增设将加大对于人力与财政的需求，更将造成终局判决的迟延与人民的观望心理。②1927年武汉国民政府改行所谓"二级二审制"，一般案件均以两审终审，死刑案件可以三审终审，随着"宁汉合流"，武汉国民政府的这项制度被废弃，但精简审级的呼声并未就此消失。南京国民政府司法院首任院长居正便认为审级制度之繁乃是封建遗迹，"狡黠者挟其财力，一再上诉抗告，致使一起小案也要经年累月。法律保民之宗旨反而为程序繁杂而破坏。长此以往，人民不仅视司法为弊政，进而要对政府失去信仰。"很快晚清以来推行的四级三审制被废弃，改采三级三审制，并设立二审终审的例外规定，以减除人民缠讼之苦。由于法院积案越来越多，又有不少人提出应完全改行二审终审的制度，以求诉讼之早结。但也有不少学者坚持三审终审，其首要理由是：三审制虽有增加讼累的风险，但在当时一审与二审法院很不健全，很多地方还是以县长兼理司法的情况下，保留中央最高法院行使第三审的职权对于人民诉讼权利的保障与司法的统一至关重要。③

---

① 根据案情轻重划分不同级别法院管辖。
② "轻微案件，影响于民权不大，多一审级，徒使人民生观望之心，其害一。……审判之原则，判决主谨慎，而执行主敏捷，审级越多，则执行不免迟滞，其害二。"（郑保华：《法院组织法释义》，上海会文堂新记书局1936年版，第77—78页。）
③ 相关争议参见张生、李麒：《中国近代司法改革：从四级三审到三级三审》，《政法论坛》2004年第5期，第122—124页。

（四）巡回审判的设置与废弃

巡回审判的制度可追溯到 12 世纪早期的英国，1176 年英王亨利二世将一批固定的法官分为 6 组，派遣巡回全国审判，每组由 3 名法官组成。① 亨利二世之所以设立巡回法院，主要是以"送法（普通法）下乡"的方式超越封建主的藩篱，将其王权推行到全国各地，"使整个王国的治理超越国王具体身体的限制"。② 可以说巡回审判制度是在特定背景下（如政治割据或交通不便）为了特定目的（将中央的法制推行到地方）的产物。现代英国已经不再有严格意义上的巡回法院，巡回法院在 1972 年被改组为刑事法院，尽管仍有流动的法官（包括高等法院法官、巡回法官等）分别在固定的开庭地点进行刑事审判。支持设置巡回法院的人常常也会谈及美国联邦巡回法院的例子，可是今天的所谓联邦巡回法院，其大名是"联邦上诉法院"（The United States Court of Appeals），早已不再巡回审判，不是原初意义上的"巡回法院"（The Circuit Court）了。③

---

① 参见［美］哈罗德·J. 伯尔曼：《法律与革命——西方法律传统的形成》，贺卫方等译，中国大百科全书出版社 1993 年版，第 535—536 页。

② 参见李猛：《除魔的世界与禁欲者的守护神：韦伯理论中的"英国法"问题》，载李猛编：《韦伯：法律与价值》，上海人民出版社 2001 年版，第 200 页。

③ 现在联邦最高法院与联邦地区法院中间的一级上诉法院的名称中已不含有"巡回"字样，现在所谓"巡回法院"，只是基于习惯的非正式提法，1948 年《联邦司法法》（The Judicial Code）将早先的 The Circuit Court of Appeals 更名为 The United States Courts of Appeals。(See Richard H. Fallon, Daniel J. Meltzer, David L. Shaprio, *Hart and Wechsler's The Federal Courts and The Federal System*, Foundation Press, 2003, p. 51.) 至于美国巡回法院的历史，下文还将述及。

南京国民政府设立巡回法院，始于 1928 年 8 月司法部[①]拟具的《暂行法院组织法草案》，在交通不便的辽阔地区设立法院分院费用较巨，故而司法部考虑酌采"巡回审判"制度以部分代替之。[②]在草拟《法院组织法》时，曾有人提议设立巡回法院，但巡回审判制度有如下两点不便之处，故而未被采纳："（1）诉讼发生，宜于随时处理，巡回未及之际，贻误将多；（2）调查证据，往往不能立时完毕，审判开始后，久驻其地，转失巡回之本意。"[③]以上所引见解在今天看来尤为精辟，英美的巡回审判都是很久之前的司法制度，当时交通不发达，人们前往法院诉讼非常困难，且案件审判所需时间较短；现代社会交通便捷，人们来往法院比较容易，而审理一个案件耗时可能要超过一年，巡回审判制度就不适合了。到 1932 年中央政治会议议定《修正法院组织法原则》时，认为对于外国的巡回审判制度可以"略师其意"：有些地方距离法院很远，但平时少有案件发生故而不值得设立法院分院，当地遇有案件可由高等法院及地方法院指派推事前往该地，借用当地官署临时开庭审判。[④]1932 年《法院组织法》第 64 条据此规定：高等法院或地方法院于必要时得在管辖区域内未设分院地方临时开庭；参与临时开庭的推事除就本院推事中指派外，在高等法院得以其所属分院或下级地方法院推事兼任，在地方法院得以其所属

---

① 1928 年 10 月《司法院组织法》颁布后，原司法部改组为司法行政部。
② 参见谢振民：《中华民国立法史》（下册），中国政法大学出版社 2000 年版，第 1039 页。此外，1925 年广州国民政府曾试行巡回法院制度；南京国民政府又于 1928 年批准甘肃省采用巡回法院审理上诉案件。
③ 郑保华：《法院组织法释义》，上海会文堂新记书局 1936 年版，第 243 页。
④ 参见谢振民：《中华民国立法史》（下册），中国政法大学出版社 2000 年版，第 1047 页。

分院推事兼任。但实际上因为高等与地方法院均可设立分院，分院在一定程度上替代了巡回法院的功能，《法院组织法》第 64 条规定的情形只是分院制度的例外与补充，不是真正意义上制度化的巡回审判。

南京国民政府巡回审判制度的真正实行，始于抗日战争时期，当时"战区各地交通失其常态，当事人上诉不便，第二审之审判与其当事人就法官，毋宁以法官就当事人"。1938 年《战区巡回审判办法》及《战区巡回审判民刑诉讼暂行办法》先后由司法院颁行，政府为此还专门致函中华民国驻英、美大使，让他们收集英、美有关巡回审判的资料。根据《战区巡回审判办法》第 1 条，"高等法院或分院于战区内为谋诉讼人之便利得派推事巡回审判其管辖之民刑诉讼案件"。明定巡回审判适用于战区第二审法院。"巡回审判就其管辖区域内司法机关或县政府或其他适宜处所开庭。"(《战区巡回审判办法》第 5 条)"关于书记官、录事、执达员、检验员、司法警察、庭丁、工役之事务由当地司法机关或县政府派人承办。但巡回审判推事于必要时得酌带法院人员办理。"(《战区巡回审判办法》第 7 条)1944 年司法行政部以"巡回审判除司法本身价值之外能兼收提高人民法律常识之效果"，拟在非战区的后方各省交通不便地区推行巡回审判制度，并就此拟定了《高等法院巡回审判条例草案》。但因为抗战旋即结束，1945 年 12 月《战区巡回审判办法》与《战区巡回审判民刑诉讼暂行办法》被废止，巡回审判制度随即终结。[①]

[①] 上述抗日战争时期国民政府巡回制度参见谢冠生：《战时司法纪要》，司法行政部 1948 年版，"五、"之第 1—2 页。

四、参照系：早期美国联邦法院的困境（以最高法院大法官兼理下级巡回审判为中心）

研究中国近代审级制度的文章突然"离题万里"到美国，是因为通过比照美国联邦法院早期的情况，我们能更好地理解：既无军权也无财权的法院系统在草创时难免因陋就简、迁就现实。笔者赴美游学时研究宪法史，还旁听了哈佛法学院"联邦法院与联邦系统"课程，了解到一些美国联邦法院在建国一百余年的时间里困窘挣扎的"悲惨故事"，发现其中不少可与吾国旧事两相对照：原来如今地位尊崇有甚于总统的大法官之位，当年却是份令人弃之如敝屣的苦差事；联邦的中级法院（"巡回法院"）长期连专职法官都没有，靠联邦最高法院大法官每年定期"挂职"来"送法下乡"，维持一级法院的运转；"国父"们（The Founding Fathers）也常常为达政治目的而"毁法造法"；考虑到美国早期《司法法》的反复多半是政治斗争的产物，国民政府为迁就现实用特别法令、条例修正《法院编制法》《法院组织法》还不算太糟。

（一）卑微的联邦最高法院及其大法官

美国第一任最高法院首席大法官约翰·杰伊在给亚当斯总统的信中就抱怨最高法院缺乏支撑其作为三权之一的宪法机关的能量、重要性与尊严（"the energy, weight and dignity which are essential to its affording due support to the national government"）。①联邦最高法院在上百年的时间里连自己独立的办公楼都没有，大法官们长期在国会大厦的一间地下室里听审，"在议员们的脚下工作"这件事本身便意味深长；直到二十世纪二十年代卸任总统塔夫脱被任命为首席大法官，他用自己的政治影响力使国会划拨了土地和款项，最高法院才有了自己的大楼。早期最高法院大法官的主要工作不是参与最高法院的审判，而是奔波各地参与巡回审判。最高法院的判决工作是如此的不重要，大法官们居然常常缺席，原因是他们认为自己有"更重要的事"要办，连著名的马伯里诉麦迪逊案也是在数名大法官缺席的情况下做出判决。（至少在国会看来）巡回审判相较而言是如此的要紧，以致在相当长的时间里最高法院大法官的人数取决于巡回区的数目，随着美国疆土扩大与巡回区的重新划分，大法官的人数也相应发生变动。②当时最高法院的职位是如此缺乏吸引力，以致约翰·杰伊辞职去做了纽约州的州长，第一届最高法院中还有另一位大法官约翰·拉特利齐辞职去担任南卡罗来纳州民事诉讼法院的首席法官。③

---

① See John Jay, *The Correspondence and Public Papers of John Jay*, Edited by Henry P. Johnston, A. M. Press of G. P. Putnam's Sons, 1890, Vol. 4, Article 3, Section 1, Document 18. (http://press-pubs. uchicago. edu/founders/documents/a3_1s18. html，最后访问时间为 2010 年 1 月 14 日。)

② See Richard H. Fallon, Daniel J. Meltzer, David L. Shaprio, *Hart and Wechsler's The Federal Courts and The Federal System*, Foundation Press, 2003, p. 35.

③ 参见［美］伯纳德·施瓦茨：《美国最高法院史》，毕洪海等译，中国政法大学出版社 2005 年版，第 16 页。

（二）最高法院大法官巡回审判之苦

当约翰·杰伊纽约州长即将任满时，亚当斯总统再次提名其担任最高法院首席大法官，并获得参议院的批准，可约翰·杰伊拒绝了这一任命。究其原因，除了之前提到的他认为最高法院无足轻重、缺乏尊严之外，其理由非常现实，关乎肉体而非精神（"more physical than spiritual"）——他已经 55 岁了，实在受不了在巡回区长途跋涉，进行巡回审判之苦，他希望国会能任命专职的巡回法院法官，让最高法院成为单纯的终审法院。[①] 在交通不发达的时代，大法官们每年为了巡回审判要乘马车奔波数千英里，耗时长达半年，"把相当多的时间花在路上，花在寄宿旅馆和客栈里"。可国会长期不愿取消大法官巡回审判职责，其部分原因是当时的最高法院本身几乎"无所事事"。[②]

（三）因陋就简的巡回法院与反反复复的《司法法》

美国早期所谓的联邦三级法院（最高法院、巡回法院、地区法院），其中间一级的法院（巡回法院）最初并没有专职法官，而是由最高法院大法官巡回参与审判。由最高法院大法官在巡回法院坐堂问案，不仅导致大法官奔波之苦，更将造成制度上的不

---

① See Bruce Ackerman, *The Failure of the Founding Fathers：Jefferson, Marshall, and the Rise of Presidential Democracy*, Harvard University Press, 2005, pp. 123—125.

② 参见［美］伯纳德·施瓦茨：《美国最高法院史》，毕洪海等译，中国政法大学出版社 2005 年版，第 18—19 页。

公。因为大法官们在最高法院要受理其在巡回期间参与判决的上诉,这就意味着"让同一批人最终以某种身份纠正他们自己以另一种身份造成的错误"。[1]这实际上破坏了联邦法院三审终审的制度,有变三审为二审之虞,可这个问题在当时似乎完全未被重视。

1789年《司法法》规定在每个巡回法院由两个最高法院大法官共同参与审判。1793年国会修改法律,规定每个巡回法院由大法官一人独任审判,这客观上将大法官巡回的责任减轻了一半,但国会的初衷是避免两个大法官组成的法庭在两人意见不一致时形成僵局。1800年新的《司法法》免除了最高法院大法官巡回审判的责任,规定在其中5个巡回区各配置3名法官组成法庭,在第6巡回区(西部巡回区)配置1名法官独任审判。1800年《司法法》生不逢时,在政党斗争中它无法独善其身,在总统与新国会选举中均告失败的联邦党人在离任前连夜将1800年《司法法》创设的联邦法官职务分配给自己的同党,企图在法院系统中保存实力;而新就任的杰斐逊及其党人拒绝接受这样的安排,被激怒的杰斐逊党人推翻了1800年《司法法》,撤换了被星夜任命的联邦党人法官。1802年,杰斐逊党控制的国会通过了新的《司法法》,司法体制几乎回到了1789年的原初状态,当巡回法院法官意见不一致时则提交联邦最高法院裁定。直到1869年,国会才立法在每个巡回法院固定设置一名专任法官,将最高法院大法官参与巡回审判的频率减到两年一次;至于巡回法院专职法官名额的

---

[1] 参见[美]伯纳德·施瓦茨:《美国最高法院史》,毕洪海等译,中国政法大学出版社2005年版,第20页。

增加与最高法院大法官最终免除巡回审判之苦,则是数十年之后的事情。①

五、小结

(一)近代审级制度改革的挫折及其缘由

通过对近代中国审级制度变迁的审视,我们发现:依据外国(主要是大陆法系国家)引进的现代司法理念而创设的审级制度无法完全得以实现,基于现实的政治社会、人力财力原因,政府在不放弃现代司法理念大原则的前提下不得不设置例外,用特别法修改一般法。迁就现实的例外反倒成为常态,制度中所谓"原则"(理念)变得"毫无原则";在实践中发挥效力的是特别法(如条例、暂行章程等),而一般法(法院编制法、组织法)描绘的四级三审或三级三审制度成为一个美好的远景(理想),在"六法全书"中聊备一格。

兼理司法制度是这其中最典型的例子,由县长(县知事)及其下属兼理司法事务,本来只是一个权宜的办法,因为纠纷的解决不能等到普设新式法院之后,于是在政府有足够的经费与人才之前,暂时规定兼理司法制度,结果却是"权宜之计"的长期化。事实上,直至1949年,在中国绝大多数的县,始终未曾建立新式法院。这造成了司法体制的分裂:在各省会和重要城市,都

---

① See Richard H. Fallon, Daniel J. Meltzer, David L. Shaprio, *Hart and Wechsler's The Federal Courts and The Federal System*, Foundation Press, 2003, pp. 34—37.

有新式的法院，施行新式的诉讼程序；"但在其他大多数的城乡，法律的执行与诉讼纷争的解决，相较于前清时代，进展可能并不太多"。①

近代中国引进源自西方的现代审级制度，其所遭遇的障碍，除了人们普遍提及的人力财力，以及大的政治环境之外，至少还有以下两个因素：

1. 地方各级政府的建制

关于将地方各级法院的建制依托于各级地方政府的优劣，人言人殊，反对者主要是认为这容易滋生法院地方保护主义，但总的说来，这是一种比较方便的做法，也被大多数单一制国家所采纳。古代中国是依托中央→省→（道）→府→厅/州/县各级政府设立审判机关；晚清司法改革采四级三审制，是依托于中央→省→府→厅/州/县四级地方政府。1914年袁世凯改订地方官制，裁撤了府这一级地方政府，打乱了原有的地方建制，四级审判机关所依托的四级政府变为三级政府，四级三审制自然无所依托、不得不废。②南京国民政府在设置省与市/县中间一级行政组织方面于各省进行了一些探索，如安徽首席县长制、江苏行政区监督制、浙江宪政督察专员制与江西行政区长官制等，并根据各省经验创设了行政督察专员制加以推广。③但直到新中国成立后才结合

---

① 参见欧阳正：《民国初期的法律与司法制度》，载那思陆：《中国审判制度史》，台湾正典出版文化有限公司2004年版，第345页。

② 民国北京政府在地方虽设有"道"，但其性质为派出机关，而非正式的一级地方政府，只相应设立了高等审判厅分庭或附设司法人员，而不能设立一级正式的审判机关。

③ 参见钱端升等：《民国政制史》（下册），上海世纪出版集团、上海人民出版社2008年版，第487—509页。

中国实际、经过摸索，在地方完成省、市/地区、市辖区/县/县级市三级地方政府的建制，相应地也建立了中央的最高法院与地方的三级法院。可见在地方建制未能稳定之前，地方各级法院的建设也必然困难重重。

2. 社会心理因素

新式法院在设立之后，在文化上并未获得民众的积极认同：

> 吾国司法，方在萌芽，基址未臻巩固，非常之原，又为黎民所惧闻，人且侈为平议，矧在庸流，通都尚胥动浮言，矧为僻壤。况法律知识未尽灌输，骤语以宪法之条文，共和之真理，鲜不色然骇者。至于法院，则更多不识其名。①

而新式法院的设立并不必然伴之以司法公正的实现，劣质法官之为祸有甚于前清之父母官：

> 司法独立之本意，在使法官当审判之际，准据法律，返循良心，以行判决，而干涉与请托，无所得施……建国以来，百政草创，日不暇给，新旧法律，修订未完，或法规与礼俗相戾，反奖奸邪。或程序与事实不调，徒增苦扰。大本未立，民惑已滋。况法官之养成者既乏，其择用之也又不精，政费支绌，养廉不周，下驷滥竽，贪墨踵起。甚则律师交相狼狈，舞文甚于吏胥，乡邻多所瞻徇，执讯太乖平恕，宿案累积，

---

① 北洋时期司法总长许世英语，转引自韩秀桃：《司法独立与近代中国》，清华大学出版社2003年版，第233页。

怨仇繁兴，道路传闻，心目交怵。①

更令人发指的是，"司法独立"的理念与制度设计竟成了法官们枉法裁判、徇私舞弊的护符：

> 今京外法官，其富有学养、忠勤举职者，固不乏人。而昏庸尸位，操守难信者，亦所在多有，往往显拂舆情，玩视民瘼，然犹滥享保障之权，俨以神圣自命，遂使保民之机关，翻作残民之凭藉。岂国家厉行司法独立之本意哉？②

在当时的社会文化背景下，民众心理与现代司法理念有隔膜，而法官素质不高与司法腐败的现实又加剧了民众对于现代法院与法官的不满。在这样的背景下，现代审级制度的建设乃至整个司法体制改革必将触礁。综观民国司法史，"一系列司法改革提案未能尽付实施，整个国家政治生活中，司法腐败是受社会指责最多的对象之一"，这也是导致民国政府失去民心的主要原因之一。③

（二）正视前人的努力与经验

1. 在认清近代中国审级制度建设困窘的现实的同时，我们也

---

① 李启成：《民初覆判问题考察》，载许章润主编：《清华法学》（第五辑），清华大学出版社 2005 年版，第 189 页。
② 李启成：《民初覆判问题考察》，载许章润主编：《清华法学》（第五辑），清华大学出版社 2005 年版，第 189 页。
③ 参见张仁善：《司法腐败与社会失控（1928—1949）》，社会科学文献出版社 2005 年版，第 6 页。

要看到前人不懈的努力与其中的挣扎与艰辛。

民国政府尽管用条例、"暂行办法"去修正司法改革的理念，在法定审级之外设立各种分支法院，创设兼理司法制度，但在司法体制的大法（《法院编制法》《法院组织法》）条文中始终维持着四级三审或三级三审的原则，这看似虚伪，但其不肯放弃理想的一面也值得我们重视。

民国政府在迁就现实的过程中创设了无数的例外，但其也努力规范例外：县政府附设审判人员素质不佳、无法独立审判，便通过资格考试制度加以规范，并提高审判人员级别待遇以求"独立"；为革除兼理司法之弊，进而又创设了县司法公署与县司法处以代替之；高等审判机关分支法院与地方审判机关推事不足，不得不互相兼任，又立法规定兼任推事在合议庭中必须是少数；分支法院兼任推事有参与两级审判的可能，审判机关就将这类案件的二审管辖权由分支法院收归本院；最高审判机关的分支法院有害于司法统一，于是在南京国民政府制定《法院组织法》后终被废弃；尽管改三审终审为二审终审的呼声始终未曾停息，但鉴于一审与二审法院建制尚未完善、审判质量堪忧，当局为保障人民诉权与司法统一，始终不肯废除三审终审的制度。

2. 理解在一个老大帝国建设现代司法制度必将经历一个长期的过程，其间必将交织着理念与现实的碰撞与冲突。

任何新生事物、制度在其幼年时期难免囿于现实而"因陋就简"，早期美国联邦法院的经历也证明了这一点，但我们必须用发展的眼光去看待它。清末司法改革规定了四级三审制度，力求在中央到地方普设新式法院，其立意甚高，实行起来却处处碰壁。还是以兼理司法制度为例，民国北京政府面对人才与经费缺乏的现实，不得不在法外创设该制度，在发现其弊后企图用县司法公署制度以替代之，但县司法公署的设立也举步维艰。南京国民政府最终将县司法处（其立意与县司法公署类似）推行于全国以替代县长兼理司法；同时政府也承认县司法处只是过渡措施，并在立法中明定施行期限，司法行政部也订定方案，计划到期将在全国普设新式法院。南京国民政府未实现其普设新式法院的理想，这一理想在新中国成立后逐步得以实现，方有今天中央→省→市/地区→市辖区/县/县级市四级法院的建制。晚清四级法院建制的理想，经历了半个世纪以上的努力，方在新中国得以实现。

3.通过对照过去，我们可以体会到新中国在司法体制建设方面的成绩，也能更深刻地理解当前改革中遇到的难题。

今天，当我们批评新中国成立以来通过复转军人充实下级法院的现实时，不可忽略国家几乎是从无到有地搭建起地方新式法院的成绩。对于设立巡回法院或其他类型的跨省份的高级法院（以破除司法上的"地方保护主义"）的制度安排，我们也要认识到这并非"各国通行之例"，尤其不是大陆法系的通常做法，[①] 英美"巡回法院"只是特定历史的产物。面对是否应改既有的二审终审为三审终审的争论，我们除了坚持"统一司法""保障当事人上诉权""实现司法正义"的理念，也必须考虑到结案速度，更要认真对待"有限司法资源"（包括人力、财力）的配置问题。

---

① 即使在作为联邦制国家的德国，也仅在中央设立联邦法院，以作为受理各州上诉的终审法院，而不像美国那样在地方普设两级联邦法院。

第六章 代结语:从三法司到司法院

——中国司法传统的断裂与延续

一、回顾:中国古代的三法司

中国古代政府虽无分权的观念,但也有职能的分工,于中央掌理审判者,夏代有"大理",商周设"司寇",战国秦晋置"廷尉"、齐曰"大理"、楚称"廷理"。由秦汉至清,更在中央一级逐渐形成、完善了刑部、大理寺、都察院(明以前称御史台)"三法司"的中央司法体系。三法司制度从萌芽到终结前后历经两千年,其内涵"随着朝代的更替、政治体制的变革而有着巨大的变化"。概言之,"中国古代三法司制度并非'万古如长夜',而是'苟日新,日日新,又日新'"。①

(一)三法司体制的形成("一法司"→"二法司"→"三法司")

中国古代其实是经历了一个从"一法司"的时代到"二法司"

---

① 那思陆:《中国审判制度史》,台湾正典出版文化有限公司2004版,第35页。

的时代,再到"三法司"的时代的过程:

秦以前为"一法司"的时代,当时于中央和诸侯国掌理最高司法(审判)权的,只有一个机关。夏代有"大理",商周设"司寇",战国秦晋置"廷尉"、齐曰"大理"、楚称"廷理"。

春秋时期的秦国即设御史,掌"记事纠察之任",秦统一天下后,设御史大夫,为众御史之长,除掌纠察之外,也兼理司法,对于特别案件(主要是贵族和官员犯罪)有审判权。① 作为特别审判机关的御史系统与普通审判机关廷尉并列,是为"二法司"时代之始。汉代的情况有所不同,一方面,汉代御史系统发展为三大监察机关(御史台、丞相府司直和司隶校尉),三个监察机关独立行使职权,并互相监察;另一方面,汉代在一定程度上将纠弹机关与审判机关分立,监察机关只司纠弹,纠弹案件涉及枉法问题时,其审判机关为廷尉。②

西汉成帝以前中央审判机关仍然只有廷尉和御史台,前者是普通审判机关,后者是特别审判机关。成帝以后的三公曹尚书和东汉光武帝以后的二千石曹尚书又先后成为审判机关。西晋在尚书台体系内掌理审判的改为吏部曹尚书,北魏、北齐和隋代则为都官尚书,发展到唐代刑部(尚书)的设立,三法司体系最终确

---

① 参见那思陆:《中国审判制度史》,台湾正典出版文化有限公司2004版,第36—37页。

② 参见萨孟武:《中国社会政治史(一)》,台湾三民书局1998版,第323—324页。萨孟武先生作出这一判断的根据是《汉书》卷七十七"盖宽饶传"所述盖宽饶"为司隶校尉,刺举无所回避,小大辄举,所劾奏众多,廷尉处其法,半用半不用"。盖宽饶所提弹劾案,经过廷尉审判,只有一半弹劾成功,可见审判权与弹劾权是分开的。

立。① （廷尉在北齐更名为大理寺，其名称沿用至清。）

（二）三法司体制的发展

之所以在尚书台体系内出现第三个"法司"，主要根源于中朝官（尚书）与外朝官（三公六卿）的对立，也即君上与大臣的权力冲突，皇帝总是企图直接参与或指挥审判。天子总是亲近臣②而疏大臣，天子"畏帝权傍落，惧大臣窃命，欲收其权为己有，常用近臣以压制大臣。历时既久，近臣便夺取了大臣的职权，因之大臣乃退处于备员的地位，而近臣却渐次变为大臣。近臣一旦变为大臣，天子便又欲剥夺其权，而更信任其他近臣。这样由近臣而大臣，演变不已"，而我国的中央官制（包括司法系统）也渐趋复杂。③

皇帝虽然是国家的主人与政府的首脑，但皇帝与国家（政府）之间也有内在矛盾，因为皇帝的本性要求独裁，政府运转的逻辑要求体制化（理性化），这二者存在根本冲突。天子近臣在职权扩张的过程中渐次转化为体制化的国家大臣而非天子私人，"有为"的天子又不时地通过任用近臣（私人）以挑战体制这一风车。御史本是人主左右记事之官，被授以耳目之任，逐渐变成监察大臣之官，还部分侵夺了九卿之一廷尉的司法权。可是御史大夫逐渐体制化为"三公"之一，皇帝又开始信赖身边的尚书系统，以

---

① 参见那思陆：《中国审判制度史》，台湾正典出版文化有限公司2004年版，第43页。
② 近臣原为侍奉天子左右之官，汉时称为内朝官或中朝官。
③ 参见萨孟武：《中国社会政治史（一）》，台湾三民书局1998版，第107页。

致"事归台阁",司法审判权也成为尚书台的权力之一。唐代尚书台发展为六部,渐趋体制化。宋太宗时为防止刑部与大理寺舞弊,于宫中设立了审刑院,复审刑部、大理寺呈送的案件。审刑院审级相当于中央第二审,它侵夺了刑部的职权,使之成为闲散衙门,自己变成最高审判机关。① 但是皇帝也无法长期对抗渐趋复杂化、精密化的官僚系统,宋神宗时又废除了审刑院,将其职权并入刑部。元代仅设刑部及御史台两个法司,不设大理寺。明代以后虽然恢复了大理寺,但刑部权重,其审判权逐渐超过了都察院与大理寺。究其原因,乃是因为明初朱元璋废除丞相后由皇帝直接统领六部,刑部直属于天子,其权力自然会大大扩张。②

在三法司体系的发展过程中,尚书系统以行政而兼司法,最终成为首要的司法机关。在这个过程中,监察系统(明以后御史台改称为都察院)逐渐失去了独立的审判权,大理寺这个三法司中资格最老的审判机关也蜕变成"慎刑"机关。

二、清末司法改革

"三法司"制度发展至清末,由刑部在三机关中起主导作用,它复审地方上诉案件、审理中央官吏违法案件、主持司法行政与修订律例工作;大理寺行使复核权,为慎刑机关,刑部审理不当,

---

① 审刑院参见那思陆:《中国审判制度史》,台湾正典出版文化有限公司2004版,第47—48页。
② 参见那思陆:《中国审判制度史》,台湾正典出版文化有限公司2004版,第52—53页。

则由大理寺驳回重审；都察院掌监督，刑部与大理寺行使职权不当，则由都察院纠劾。遇有特别重大案件，则由"三法司"会同审理。①

在西潮的冲击下，1902年清廷开始变法修律，而司法制度的改革，一直是其重点，也是废除领事裁判权的前提之一，因为旧式的审判制度，正是列强所特别反感者。1906年清廷改革官制，下诏："刑部，著改为法部，专任司法；大理寺，著改为大理院，专掌审判。"②但是司法改革也并非一帆风顺，到了1907年，便发生了法部与大理院之间基于审批权和人事权归属的争议，史称"部院之争"。③1910年，清廷正式颁布《法院编制法》，并下谕："自此颁布《法院编制法》后，所有司法之行政事务，着法部认真督理，审判事务，着大理院以下审判各衙门，各按国家法律审理，从前部院权限未清之处，即着遵照此次奏定各节，切实划分。"④至此，最高审判权悉归于大理院，中央审判机关（大理院）与司法行政机关（法部）权限亦做严格区分。终清之世，司法改革（也包括整个法律改革）虽规模初具，但所拟定制度多未及施行，或虽施行却徒有其名。

---

① 明清两朝的中央司法制度可参见那思陆的两本专著：《明代中央司法审判制度》和《清代中央司法审判制度》，北京大学出版社2004年版。
② 《清实录》第五十九册《德宗景皇帝实录》（八），卷五六四，中华书局1987年版，第468页。
③ 部院之争可参见李贵连：《沈家本传》，法律出版社2000年版，第234—241页；张从容：《部院之争：晚清司法改革的交叉路口》，北京大学出版社2007年版。
④ 《清实录》第六十册（附）《宣统政纪》，卷二十八，中华书局1987年版，第518页。

三、北洋政府时期的中央司法机关

辛亥之后颁布的宪法性文件《中华民国临时约法》规定了审判公开与独立原则以及司法官地位的保障，并将诉讼制度设计为普通诉讼与行政诉讼分流的二元制度，但关于法院的编制则交由法律规定。1912年3月，在北京就任临时大总统的袁世凯下令在民国法律未经议定颁布以前，暂行援用前清法律（与民国国体抵触者除外）。[①]1910年《法院编制法》亦被援用，[②]北洋政府在中央设立大理院，由其掌理民刑案件的最高审判权，并行使统一解释法令之权，司法行政则归于司法部。至于行政诉讼，则于1914年颁布《平政院编制令》，规定由平政院掌理行政诉讼，并察理[③]官吏纠弹案件。[④]

（一）大理院

大理院设院长一人，综理全院事务，监督行政事务。大理院

[①] 参见黄源盛：《民初大理院》，载氏著：《民初法律变迁与裁判》，台湾政治大学法学丛书编辑委员会2000年版，第22—23页。

[②] 唯一的变化只是将颇具帝制色彩的大理院正卿、少卿的官名取消，大理院改设院长一人，综理院务。

[③] 所谓"察理"，是监察与审理之义。（参见黄源盛：《平政院裁决书整编与初探》，载氏著：《民初法律变迁与裁判》，台湾政治大学法学丛书编辑委员会2000年版，第145—147页。）

[④] 参见罗志渊编著：《近代中国法制演变研究》，台湾正中书局1974年版，第409—412页。

内依民刑分立和事务繁简置民事庭和刑事庭各若干,每庭设推事若干人、庭长一人,庭长由推事或推丞兼任。大理院还设有民刑事处,下辖民刑事科,各设推丞一人,由某庭庭长兼任,监督本科事务,并决定案件分配。

北洋政府时期,刑法与民商法典均未颁布,削足适履地"暂行"援用前清法制,必将发生疑义。大理院通过行使最高审判权和法令统一解释权,作成判例和解释例,[①] 各法原则,略具其中,其实形同造法。即使到了1927年国民政府定都南京之后,大理院判例和解释例除了与制定法明显抵触者外,仍得以继续沿用。大理院作为民初最高司法机关取得空前的独立审判权、规范控制权与行政自主权;大理院院长、庭长、推事亦学养深厚、相对洁身自好。在军阀混战、政局动荡的纷乱年代里,大理院为中国司法史留下一页清白。[②]

1. 最高审判机关

大理院是普通民刑案件的终审机关,对于法定属于大理院特别权限的案件,大理院第一审也是终审机关。大理院审判采合议制,以推事5人组成的合议庭行使审判权。根据《大理院编制法》第37条,大理院审理上告案件,如解释法令的意见与本庭或他庭成案冲突,则由院长根据案件性质召集民事科或刑事科或两科的总会决议。

[①] 大理院判例和解释例汇编参见郭卫编:《大理院判决例全书》,上海会文堂新记书局1933年版;郭卫编:《大理院解释例全文》,上海会文堂新记书局1932年版。

[②] 大理院成员素质、操守、从事风格以及相应制度保障参见黄源盛:《民初大理院》,载氏著:《民初法律变迁与裁判》,台湾政治大学法学丛书编辑委员会2000年版,第35—61页;张生:《民初大理院审判独立的制度与实践》,《政法论坛》2002年第4期。

由于当时成文法典多未颁行,"大理院乃酌采欧亚法理,参照我国习惯,权衡折中,以为判决,日积月累,编为判例汇编,……一般国人,亦视若法规,遵行已久,论其性质,实同判例法矣"。① 从判例作成的密度来看,自 1912 年到 1921 年,大理院几乎凡有一判即有一例;1921 年以后,判例则明显减少,这主要是因为 1921 年之后,立法已经相对齐备,又有大理院之前的成例可循,所以无须别开新例。②

2. 规范控制者

据《大理院编制法》第 35 条,大理院院长有统一解释法令权;《大理院办事章程》第 203 条更赋予大理院法令解释以普遍拘束力("就同一事类均有拘束之效力"),这就赋予大理院当时各国最高法院所未有之抽象规范审查权。《大理院编制法》第 35 条同时也规定,大理院院长行使统一解释法令权"不得指挥审判官所掌案件之审判"。

大理院行使解释权,通常是依中央和地方政府机关的申请以解答质疑,但也可径行纠正相关公署及其人员对于法令的误解。依《大理院办事章程》第 206、207 条,请求解释文件,由大理院院长分别民刑事类,分配相关庭长审查并草拟复稿,请求解释文

---

① 参见"司法院史实纪要编辑委员会"编:《司法院史实纪要》,(台北)自刊 1982 年版,第 3 页。

② 参见黄源盛:《民初大理院》,载氏著:《民初法律变迁与裁判》,台湾政治大学法学丛书编辑委员会 2000 年版,第 74 页。关于大理院通过审判实践塑造民初法制的研究参见卢静仪:《民初立嗣问题的法律与裁判:以大理院民事判决为中心》,北京大学出版社 2004 年版;周伯峰:《民国初年"契约自由"概念的诞生:以大理院的言说实践为中心》,北京大学出版社 2006 版;张生:《民国初期的大理院:最高司法机关兼行民事立法职能》,《政法论坛》1998 年第 6 期。

件和复稿应经相关推事审阅，必要时，得开民事或刑事全体推事会议讨论；解释文件办结，则交由大理院院长作最后决定。

大理院行使统一解释法令权前后达16年，而北洋时期正是中国法律大变革的时期，法律疑义甚多，"大理院之解释，亦不厌长篇累牍论述学理、引证事实，备极精详"。① "大理院又有最高审判的权限以为贯彻法令间接的后盾，故此种权限实足增长大理院的实力；而大理院解释例全国亦均奉为圭臬，用作准绳。"②

3. 院务自主权

大理院因沿革和法制上的理由，与内阁的司法部处于平行地位。"司法部所颁行行政规则，于大理院向不适用"，"所有大理院的司法行政事务，均由大理院院长自定规则，监督施行"。③ 在1921年民刑诉讼法颁布之前，大理院适用的一切程序，也均由大理院开推事总会自行议定，公告施行。④ 大理院人事任免案、惩戒案、预算案虽由司法部长转呈，但后者不得拒绝或修改。

（二）平政院（肃政厅）

平政院是"中西合璧"的产物，它结合了中国古代监察机关行使特殊审判权的传统与欧陆行政审判与普通审判分流的经验。

---

① 参见郭卫编：《大理院解释例全文》之"编辑缘起"。
② 黄源盛：《民初大理院》，载氏著：《民初法律变迁与裁判》，台湾政治大学法学丛书编辑委员会2000年版，第33页。
③ 参见黄源盛：《民初大理院》，载氏著：《民初法律变迁与裁判》，台湾政治大学法学丛书编辑委员会2000年版，第34页。
④ 参见黄源盛：《民初大理院》，载氏著：《民初法律变迁与裁判》，台湾政治大学法学丛书编辑委员会2000年版，第31页。

它并非纯粹的司法机关,直接隶属于大总统,与行政权"似离又即"。[①]平政院组成人员有:院长1人,负责指挥、监督全院事务;评事15人,负责审理行政诉讼和纠弹案件;肃政厅[②],它虽设于平政院,但独立行使职权,其长官为都肃政史,有肃政史编制16名,掌官吏纠弹。平政院由评事5人组成合议庭审判,审理行政诉讼或肃政史提出的纠弹案;肃政史需依法提起行政诉讼、纠弹官员违法失职、监督平政院判决。[③]在行政诉讼中,肃政史与平政院的关系类似于检察官之与法院的关系;在纠弹案件中,肃政厅与行政法院的关系又类似于后世国民政府五院体制下的监察院与司法院下的公务员惩戒委员会的关系。1916年,袁氏帝制失败,接任总统的黎元洪明令恢复民元约法旧制,同年6月29日,贴有袁记标签的肃政厅被裁撤,《纠弹法》被废止,监察权回归国会,平政院失去察理纠弹权,成为单纯的行政裁判机关。[④]

(三)司法部

司法部上承清末之法部,其职能与欧洲大陆国家的司法部接近,掌管司法行政,并监督各级检察机关。首先需要强调指出的是,司法部的司法行政权不及于与其处于平行地位的大理院与平

---

① 参见罗志渊编著:《近代中国法制演变研究》,台湾正中书局1974年版,第409—412页;黄源盛:《平政院裁决书整编与初探》,载氏著:《民初法律变迁与裁判》,台湾政治大学法学丛书编辑委员会2000年版,第144页。

② "肃政"之名可追溯到后周的"肃政台"(即御史台)。

③ 平政院组织参见赵晓耕主编:《中国法制史原理与案例教程》,中国人民大学出版社2006年版,第430页。

④ 参见"监察院实录编辑委员会"编:《国民政府监察院实录(一)》,(台北)自刊1981,第27页。

政院。另外，清末司法改革以来除了区分司法审判与司法行政，也将审判与起诉分离，自大理院以下，对应各级审判机关，设立总检察厅和各级检察厅以行使检察职权，各级检察机关归司法部统一指挥。

四、南京国民政府时期的中央司法机关[①]

（一）南京国民政府前期的司法院

1927年南京国民政府成立，改北洋时期大理院为最高法院，一方面为全国民刑案件终审机关，一方面行使法律解释之权，是为当时全国最高司法机关。同时设司法部，掌理全国司法行政。[②] 1928年10月，根据孙文五权宪法学说，国民政府设置行政、立法、司法、考试、监察五院。根据同年颁布之《司法院组织法》第1条，"司法院以下列机关组织之：一、司法行政部；二、最高法院；三、行政法院；四、公务员惩戒委员会。"[③] 也就是说，以上四机关都是司法院的一部分，它们是司法院的内设机关。最高法院掌民刑案件终审（是民刑事的最高审判机关），行政法院负责行政诉讼（一审终审），公务员惩戒委员会审议公务员惩戒案件。某种意义上说，

---

① 南京国民政府的司法院体制参见附图2，也可参见拙著：《民国司法院：近代最高司法机关的新范式》，《中国社会科学》2007年第6期。
② 参见"司法院史实纪要编辑委员会"编：《司法院史实纪要》，（台北）自刊1982年版，第3页。
③ 夏新华等整理：《近代中国宪政历程：史料荟萃》，中国政法大学出版社2004年版，第857页。

民初平政院的职权被一分为三，行政法院司行政审判，监察院代替肃政厅掌纠弹官吏违法失职，公务员惩戒委员会则对官吏违法失职事件进行审查处理。司法院院长综理全院事务、指导司法行政，并组织最高法院院长及相关庭长统一解释法律、命令。①

从司法院设立之初到 1947 年先后颁布《中华民国宪法》和修正《司法院组织法》，关于司法院的权限始终存在三大争议，其一是司法行政权的归属；其二是公务员惩戒委员会的归属；其三是是否仿照美国最高法院一元的司法审判的模式，不再区分民刑普通审判与行政审判（公务员惩戒），司法院内不再设立最高法院、行政法院与公务员惩戒委员会。②

---

① 司法院院长获得了原属于南京国民政府草创时最高法院（北洋时期大理院）院长的统一解释法令的组织权与裁决权，他亲自主持统一解释法令和变更判例会议，并以司法院名义公布解释。依 1928 年《司法院组织法》第 3 条，"司法院院长经最高法院院长及所属各庭庭长会议议决后，行使统一解释法令及变更判例之权"，"司法院院长为前项会议主席"，故而是以会议的方式行使统一解释法令权。（参见"司法院史实纪要编辑委员会"编：《司法院史实纪要》，第 2、1181—1182 页。）

② 比较各国司法制度，司法审判体系有一元和多元之分。美国采用的是一元的司法体系，即所有的诉讼案件，不分民刑、行政或宪法争讼，均由统一的司法体系管辖，其最高法院是真正唯一的"最高"的审判机关（终审机关）。而与之相对的欧陆传统，则是普通民刑诉讼与行政诉讼以及其他诉讼多元并行的司法体系，典型如德国，其民刑诉讼由普通法院管辖，终审机关为最高法院；而行政诉讼由行政法院管辖，财税争讼由财务法院管辖，劳工诉讼由劳工法院管辖，社会福利问题由社会安全法院管辖，这些专业法院自成系统，有其各自的终审机关。各个法院系统之间互不属属，各司其专业审判领域。我们近代以来的司法制度是直接习自日本，间接取自德国，采用的是多元的司法体系，这也与中国传统的三法司体系有一定暗合之处。但是，二战期间我国的盟友为英美法系国家，而敌人则为大陆法系之日、德，因此社会上有一种思潮认为我们之前是采大陆法系制度，今后应考虑改采英美法系之制度，美国最高法院一元制的审判模式也受到一定程度的青睐。（参见翁岳生：《大法官功能演变之检讨》，载氏著：《法治国家之行政法与司法》，台湾月旦出版社 1994 年版，第 414 页。）

（二）1947年《中华民国宪法》《司法院组织法》颁布之后的司法院

1947年颁布的《中华民国宪法》在司法机关方面的一大创新是设立了大法官，并由其负责解释宪法和统一解释法律命令，这样司法院就将其抽象规范的解释权（规范控制权）扩大到宪法解释领域。（《宪法》第78、79条）同年12月修正公布的《司法院组织法》规定解释权由大法官会议行使，该会议由大法官组织之，司法院院长为会议主席（《组织法》第3条）。至于长期存在争议的公务员惩戒权仍然归于司法院。

关于司法院是否应掌理司法行政，上述宪法并未言明。1943年修正《国民政府组织法》以来，高等法院以下法院和各级检察部门的司法行政长期隶属于行政院下设的司法行政部管辖。由于宪法没有明文规定司法院掌理司法行政，司法行政部（附带还有各级检察部门）自1943年调整划归行政院便一去不复返。所以司法院虽是宪法上的"最高司法机关"，但其司法行政权却是不完整的，只及于直接隶属于它的最高法院、行政法院和公务员惩戒委员会。①

1947年3月颁布的《司法院组织法》本来打算部分吸收英美一元的审判模式，力图革新，规定司法院内分庭，不再设立最高法院、行政法院和公务员惩戒委员会（《组织法》第4条）。可是该法一经颁布，立刻遭到代表既有体制利益的最高法院院长和全

---

① 司法院后来根据宪法第77条司法院掌理民刑审判的规定，要求附属于民刑审判的各级法院司法行政权，但行政院和司法行政部长期对此置之不理。

体法官的公开抵制。[①] 国民政府只好于当年 12 月修正组织法,仍然维持司法院内设立最高法院、行政法院和公务员惩戒委员会这三院(会)的旧制(《组织法》第 5 条)。

五、小结

以现代分权的观念看,古代中国三法司的权限分配十分模糊,清代刑部在司法体系中居于首位,兼掌审判、司法行政与修律职权;都察院对于公权力行使有关的案件或者官员违法、不当有纠举、参审权;大理寺的职权相对较小,是"慎刑"机关。遇有重大案件则三法司会审甚至"九卿圆审",君主保有最终裁判权。1906 年以后,刑部改法部,掌司法行政(民国时期先后更名为司法部和司法行政部);大理寺改大理院,为最高审判机关(南京国民政府时期更名为最高法院);都察院的职能在民国后为平政院所继承,但在其内部已经分化出独立的肃政厅作为涉及公权力案件的公诉机关,形成审判者与起诉者的分立。南京国民政府时期分权更加细化。平政院行政审判的职能转由行政法院行使,其审判公务员违法与不当的职能则由公务员惩戒委员会所承袭;继肃政厅而起的则为政治地位更高的监察院。南京国民政府时期,关于公务员惩戒委员会应归属于司法院还是监察院存在争议,最后的结果是仍归于司法院,这也符合审判与起诉分权的理性化原则。

[①] 参见李学灯:《释宪纪要》,载"司法院"编:《司法院大法官释宪五十周年纪念文集》,(台北)自刊 1998 年版,第 713 页。

回顾中国古代"一法司"→"二法司"→"三法司"的中央司法制度演变，我们可以说近代中国其实是经历了一个逆向的"三法司"→"二法司"→"一法司"的过程，司法行政机关与监察机关逐渐失去了审判权，掌理司法审判权最终归于一个司法机关。清末为刑部、大理寺、都察院"三法司"分享司法审判权，尽管其职权各有侧重。清末司法改革之后到北洋时期则为"二法司"的时代，至此司法行政机关（清末之法部／北洋之司法部／南京国民政府之司法行政部）不再兼理司法审判，大理院是普通审判机关，平政院是特别审判机关，但其仍保留了中国古代监察机关的特色，直接隶属于大总统，内部还设有纠弹机关肃政厅。南京国民政府时期只有一个"法司"——司法院，监察机关监察院不再拥有审判权，在司法院之内三院（会）分别掌理普通民刑诉讼、行政诉讼与公务员惩戒（其变迁过程参见附图1）。

从三法司到司法院其实也经历了一个从"主权在君"到"主权在民"的过程。秦汉以来，在君主专制日益加深的大背景下经历了从"一法司"到"三法司"的转变，如前所述，其制度日趋复杂化的主要动因是皇帝总是企图超越体制，控制、监督甚至直接指挥司法审判。天子先通过监察机关参与、监督审判，再通过其直接指挥的行政系统（尚书台）侵夺大理寺的司法审判权，甚至企图通过在内廷设立审刑院集司法权于自身。北洋时期，想做皇帝的袁世凯设立直接隶属于其本人的平政院肃政厅，也是想复辟古代御史系统，让其插手司法审判。但历史潮流浩浩荡荡，建立民国之后想要复辟帝制已不可能，从"三法司"到"一法司"的制度理性化进程也势不可当。

总的来说，经过几十年的发展，传统的三法司体系被"西方化"、理性化了，但其中的中国特色仍不可抹煞：

特色 1　司法行政权的独特安排

刑部集司法审判与司法行政权于一身，晚清司法改革后，法部与大理院分掌司法行政与司法审判；而北洋时期大理院则保有院务自主权；南京国民政府时期的司法院更集司法审判、准司法审判、规范审查与司法行政多项权力于一身，但在司法院内部则各职权相互独立。这即体现了法律现代化中理性化的一面，又在这个过程中保有了基于自身政治文化背景的特色。①

特色 2　司法机关的抽象规范审查权

修律是清代刑部的重要职权；大理院因为特殊的政治背景取得了抽象规范的审查权，统一解释法律，形同造法；司法院（大法官会议）更将最高司法机关的规范审查权扩展到宪法解释的领域，如此发展，可谓一脉相承。

特色 3　特殊审判机关与普通民刑机关审判分立（多元的司法审判模式）

中国早在秦代便由御史大夫作为特殊审判机关，掌理贵族

---

①　中国人基于对权力的独特理解，对西方机械的权力分立理论创新性地作出了修正。在西方传统的分权观念下，司法审判属于司法权，司法行政属于行政权，彼此分立。但事实上，司法权很可能会受到司法行政权的不当影响。举个例子，德国联邦宪法法院设立于1950年，到1952年，宪法法院公开发表备忘录，要求摆脱司法部对其内部人事行政以及预算的控制，同时要求宪法法院院长应当与国会两院议长、政府总理等同为国家最高级别的官员，经过漫长的斗争，直至1960年，这些要求才完全得以实现。See Vicki C. Jackson, Mark V. Tushnet, *Comparative Constitutional Law*, Foundation Press, 2006, p. 532.）而我国北洋时期的大理院就已经拥有完全的人事与预算自主权，司法院更是自始就具有权力和级别上的优越地位。

官吏违法犯罪案件的审判，与作为普通审判机关的廷尉分立。北洋时期则是平政院与大理院分立，平政院除掌理行政诉讼外，还有官吏纠弹案件。南京国民政府司法院体制下则是最高法院、行政法院、公务员惩戒委员会分立，分工更加细化。这一方面是基于中国的传统，一方面也吸收了欧陆多元司法审判模式的经验。

制度变迁是法制史研究的重点之一，所谓"变迁"，不外是关于"连续性"与"非连续性"（或者说断裂）的思考。一般而言，传统与现代被看成两个对立的概念，但实际上，二者之间并没有明确的楚河汉界，它们仍有清楚的传承关系。

正如有学者所说，"现代法律思想或制度虽有其自己的特征，但尚包含以前各时代的遗产；法律制度或思想上一时代的特征，即为对前时代的反动，或为其补充及继续发展"。传统可能是个包袱，但同时也是变迁的基础与借镜。[①] 附图1"秦汉以来的中央司法机关变迁"正说明了二十世纪以来的司法改革（包括整个法律体系的现代化）并未完全斩断与传统的联系。中国传统的三法司在西方分权的原则之下进行了重组，这也符合韦伯（Max Weber）所谓制度理性化的必然规律。但是，就整个司法、监察组织而言，现代化（"西化"）只是重组了分子结构，并未劈开中国传统的原子。如果从功能，而非结构的视角去看，我们的制度与西方的"样板"更是大大不同。就后一个问题，我在哈佛法学院时曾与邓肯·肯尼迪（Duncan Kennedy）教授先后讨论（争论）了三次，

---

① 参见黄源盛：《中国法制史课程结构的回顾及现况》，载黄源盛等：《中国法制史课程教学研讨会论文集》，台湾政治大学法律学系1993年版，第22—23页。

他认为法律全球化本身即是西方制度与文化的入侵（invasion）；我则坚持，至少就中国而言，鸦片战争以来列强的入侵只是中国改革的催化剂（catalyst），没有外部的刺激，中国法律传统很难转型，但这并不意味着"强势"的西方制度与文化能够左右中国的转型，在全球化中，我们仍然保有了自己的特色。

附　图

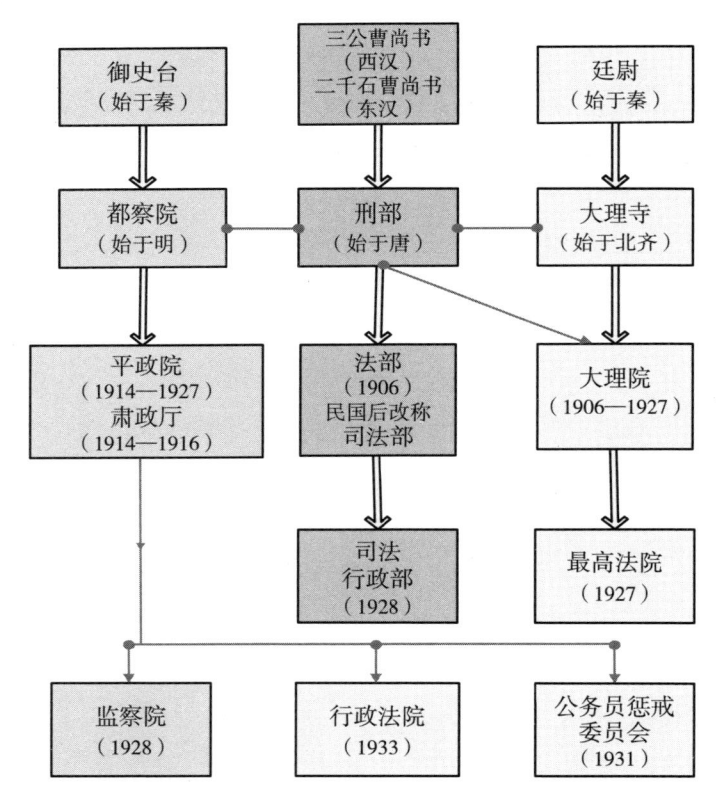

```
┌─────────┐      ┌──────────┐      ┌─────────┐
│ 御史台  │      │三公曹尚书│      │  廷尉   │
│(始于秦) │      │ （西汉） │      │(始于秦) │
│         │      │二千石曹尚书│    │         │
│         │      │ （东汉） │      │         │
└────┬────┘      └─────┬────┘      └────┬────┘
     ⇓                 ⇓                ⇓
┌─────────┐      ┌──────────┐      ┌─────────┐
│ 都察院  │──────│  刑部    │──────│ 大理寺  │
│(始于明) │      │(始于唐)  │      │(始于北齐)│
└────┬────┘      └─────┬────┘╲     └────┬────┘
     ⇓                 ⇓      ╲          ⇓
┌─────────┐      ┌──────────┐  ╲   ┌─────────┐
│ 平政院  │      │  法部    │   ╲  │ 大理院  │
│(1914—1927)│    │ （1906） │    ╲ │(1906—1927)│
│ 肃政厅  │      │民国后改称│      │         │
│(1914—1916)│    │  司法部  │      │         │
└────┬────┘      └─────┬────┘      └────┬────┘
     │                 ⇓                ⇓
     │           ┌──────────┐      ┌─────────┐
     │           │  司法    │      │最高法院 │
     │           │ 行政部   │      │ (1927)  │
     │           │ （1928） │      │         │
     │           └─────┬────┘      └─────────┘
     │                 │
     ▼                 ▼                 ▼
┌─────────┐      ┌──────────┐      ┌─────────┐
│ 监察院  │      │行政法院  │      │公务员惩戒│
│ (1928) │      │ (1933)   │      │ 委员会  │
│         │      │          │      │ (1931)  │
└─────────┘      └──────────┘      └─────────┘
```

附图 1　秦汉以来的中央司法机关变迁

（三法司在近代演变成审判、司法行政与监察三个独立的系统。）

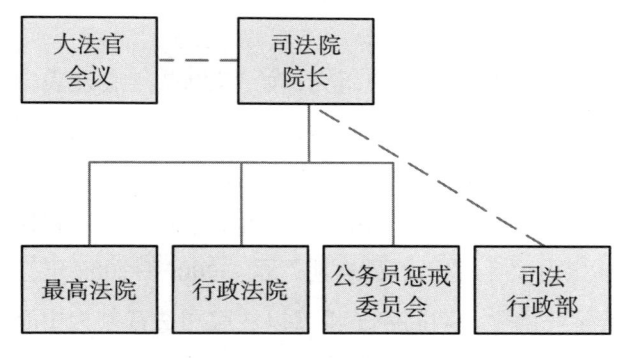

```
        ┌──────┐      ┌──────┐
        │大法官│------│司法院│
        │会议  │      │院长  │
        └──────┘      └──────┘
                          │ ╲
          ┌──────┬────────┤  ╲
          │      │        │   ╲
      ┌──────┐┌──────┐┌──────┐┌──────┐
      │最高  ││行政  ││公务员││司法  │
      │法院  ││法院  ││惩戒  ││行政部│
      │      ││      ││委员会││      │
      └──────┘└──────┘└──────┘└──────┘
```

附图2 司法院的内部组织

（司法行政部有时属于司法院，有时属于行政院，所以其与司法院院长的关系标为虚线；大法官会议是在1947年《中华民国宪法》和《司法院组织法》颁布后设立的，在此之前则无，故而其与司法院院长之间的连线也标为虚线；其他的标为实线。）

跋

这是一本写了十年的小书。

我关于近代中国司法的研究,始于 2007 年底发表于《中国社会科学》的《民国司法院:近代最高司法机关的新范式》一文,这也是我以中华民国(南京)宪法为主题的博士论文的一章。其实,无论具体研究或执业领域是哪方面,法律人对于司法问题的关注在一定意义上是"不证自明"的。2007—2008 年,我在哈佛大学法学院游学,期间除了修习以法院司法裁判为中心的宪法(包括比较宪法)课程外,还专门旁听了 Richard H. Fallon 教授开设的"联邦法院与联邦制"(The Federal Courts and The Federal System)。当时我的导师安守廉(William P. Alford)教授告诫我说这门课程特别难,需要先修民事诉讼法等数门课程作为基础;可惜由于时间所限,我只能在几乎"零基础"的条件下旁听这门课程,连能否做到一知半解也毫无把握。

2008 年在清华任教后,我便有出版中国近代司法制度专书的雄心,当时还拉了一个大纲出来。2009 年写作的《近代中国审级制度的变迁:理念与现实》一文,便是我"青椒"时期的尝试;这篇文章受到 Fallon 教授课程的影响,尝试梳理纷繁复杂的民国地方各级审判机关的源流。有了中央司法机关(司法院)与地方司法机关两篇论文做底子,算是给近代中国司法的专书开了个头。

可没承想，写作专书的计划居然就此搁置了 9 年；期间反倒"意外"地完成了中国近代国会制度的专著。究其原因，一方面，我当时的研究兴趣主要集中于国家机构与宪法社会权的历史与比较研究；另一方面，学界关于近代中国司法的成果已有不少，我最初规划的民国司法的体系化研究似乎并无出路。

大约从 2015 年起，我开始在研究领域与研究方法上做一些新的尝试。首先是从宪法史拓展到行政法史的研究，我以公务员惩戒的司法化及其界限为中心，来研究民国时期公务员惩戒委员会体制。2016 年，以黄源盛老师整理的《平政院裁判录存》为基础，我从平政院的 187 件行政诉讼裁判书中，提取出涉及公职人员身份保障的 13 件进行类型化研究，写作了《平政院裁判与近代中国文官保障制度的司法实践》一文；该文在一定意义上是公务员惩戒委员会研究的姊妹篇，不过在研究方法上已经转入案例研究。

作为案例研究的延续，2017 年我用数月的时间翻阅民国时期郭卫所编的《民国大理院解释例全文》与《大理院判决例全书》；这两本大书都有上千页，我最终选取的研究对象是选举诉讼。在 1947 年颁布、实施《中华民国宪法》与修正《司法院组织法》，创设司法院大法官会议之前，近代中国没有宪法审查制度，但这并不意味着最高司法机关在公法方面无所作为。民初大理院在选举诉讼领域所作的司法裁判与司法解释，可谓是"司法能动主义"的典范。我在民国北京政府大理院 2012 件解释例与 3900 余个判决例中，检索出涉及议员选举纠纷的 50 件司法解释与 72 个判例要旨，分门别类地研究当时最高司法机关在相关领域的"法官造法"，这勉强也算是"司法小数据"研究的尝试吧。

2017 年夏，我申报清华大学长聘教授通过，算是暂时解决了

"安身"的问题。今年我已迈入了不惑之年,"立命"的问题不得不提上日程,毕竟还得为未来二十几年的学术职业生涯做一点规划。希望这本小书的出版不是我任教十年的纪念,而是一个新的开始。

聂　鑫
2018年6月末于清华明理楼